视频图像语义分析及检索方法

钟 忺 著

科 学 出 版 社
北 京

版权所有，侵权必究

举报电话：010-64030229，010-64034315，13501151303

内 容 简 介

本书基于作者对视频图像处理领域的研究，提出了基于大数据分析的冗余视频去除方法和基于滑动子窗口和子镜头分割的关键帧提取方法，总结分析了图像特征提取最新进展，给出了基于条件随机场的视频语义特征提取的框架，以及低层特征向高层对象语义映射的似然模型、提取模型和标注模型，为进一步的图像语义检索提供支持。

本书可供从事视频图像处理领域的研究生、科研工作者及企业研发人员参考。

图书在版编目（CIP）数据

视频图像语义分析及检索方法/钟忺著. —北京：科学出版社，2017.11

ISBN 978-7-03-055678-3

Ⅰ.①视… Ⅱ.①钟… Ⅲ.①视频信号-图象处理-语义分析 ②视频信号-图象处理-检索方法 Ⅳ.①TN941.1

中国版本图书馆 CIP 数据核字（2017）第 292777 号

责任编辑：闫 陶 杜 权 / 责任校对：董艳辉

责任印制：张 伟 / 封面设计：苏 波

科学出版社 出版

北京东黄城根北街 16 号

邮政编码：100717

http://www.sciencep.com

北京凌奇印刷有限责任公司 印刷

科学出版社发行 各地新华书店经销

*

开本：B5（720×1000）

2017 年 11 月第 一 版 印张：10 1/4

2022 年 8 月第五次印刷 字数：200 000

定价：60.00 元

（如有印装质量问题，我社负责调换）

前　言

随着平安城市、智慧城市建设的推进，全国各城市已布置了上千万个摄像头并获得了海量的视频图像，形成了大数据。目前，视频图像内容提取、语义分析及检索已成为学术界、工业界和各应用行业的研究热点。本书针对视频目标检测及语义分析检索进行研究，针对“感”和“知”，提出相应的新技术方法和解决思路及方案。

本书首先提出一种基于互信息量的视频关键帧提取算法。该方法引入信息熵计算，自主选取阈值，为视频压缩提供支持。然后研究视频底层语义特征表示及存储，以及检索问题。提出符合国际标准的表示与存储，并给出一个改进的 R-树检索算法。

书中针对目标检测与跟踪设计出一种基于纹理和颜色置信融合的运动目标检测算法，并提出置信度更新的方法。实验表明，该算法能有效抑制复杂动态背景，对光照突变有较好鲁棒性，在阴影场景下提取的目标更完整。基于压缩感知思想，本书还设计了一种基于图像 haar-like 特征压缩的目标检测算法，该算法采用 AdaBoost 过程实现检测分来过程。实验表明，该算法能减少训练时间，提高准确率，虚警率保持同类水平。本书还在此基础上提出一种融合颜色和纹理特征的均值漂移跟踪算法。

针对视频图像语义特征提取，我们设计了一个语义提取框架，以给出低层特征表示与提取似然方法、高层语义提取方法及高层对象语义标注方法，为后续研究提供了一个全新的思路。

针对视频图像语义分析，本书提出了一种本体语义相似度计算的方法，来评估从视频图像中提取对象的本体表示的质量。实验表明，本算法重合度更高，准确率也较高。在研究过程中，我们设计了一个全新的多层次视频语义提取分析框架，分为场景提取分析、对象提取分析以及本体语义分析。对于场景分析采用改进的 ViBe 方法 SV(纹理与颜色融合)来处理，可达实用效果。对于对象分析，用本体表示的同时，加入更深层的属性，逐层语义描述，逐层映射，缩小低层特征与高层语义之间的“语义鸿沟”，并给出了一种实用的行为分析方法。同时设计了概念向量、词向量、单词这一本体向语义映射的层次结构，采用传统的监督学习算法来完成对象提取及语义分析。对于事件语义分析，在场景分析、对象提取基础上给出了视频标注（语义提取）方法，采用实际场景数据实验表明，可达到车、人、车与人同时语义标注。为进一步研究提供支持。

在上述研究基础之上，本书引入人与车属性特征提取的思想，提出提取算法；引入属性关联的概念，来描述复杂的事件语义，同时也提出属性特征降维的方法；然后研究了基于关联规则的事件检测方法，提出事件规则构建过程，并由此给出事件检测过程。此外，本书还基于视频特征相似度匹配思想，进行更细致的视频语义标注的研究，主要思想为事件关联及特征匹配，对不同场景实验表明，可标注特定人与车行为及特定事件。

引入视频特征相似度及帧内相似度，本书最后还给出视频语义检索过程，为更加实用的语义检索提供优化的基础。

我们的研究工作得到华中科技大学卢炎生教授、武汉理工大学姜德生院士的全面指导，同时受到武汉理工大学熊盛武教授、袁景凌教授、李琳教授和宋华珠教授的帮助，特向他们表示衷心感谢。同时还要感谢本书写作中提供文献参考的各位作者，以及与我一起进行研究工作的硕士生和博士生们。

由于作者水平有限，不妥之处在所难免，请读者不吝指正。

钟　忺

2017 年 8 月

目　　录

第1章　绪　　论

自 2008 年 9 月 *Nature* 以封面专栏形式阐述“大数据”(big data)在科学、工程及社会经济领域所取得的重要作用以来，*Science*、《华尔街日报》、*IEEE*、*ACM* 等国际权威刊物及媒体都详尽介绍了大数据的地位及贡献[1-2]。大数据这几年来一直是 Google、百度和各大网络搜索热点，成功的应用层出不穷。海量视频是大数据的重要形式，也称视频大数据。

国际国内各大中城市都布置了视频监控系统，再加上各特定区域和楼宇的视频监控，以及个人自拍的移动视频，其总量达天文数字。近几年随着移动设备视频采集功能普及提升，视频大数据呈现天体爆炸式增长[3-5]。

人们在应用视频大数据这种有价值、量大种类多、实时性强的资源时除面临高效存储、快速计算难题之外，准确检测目标、正确理解语义是学术界与工程应用界都在努力攻克的挑战[6-10]。目标检测是“感”，语义理解是“知”。目前这两者还没完全联系起来，本书就是从这一点切入，进行了相关的研究。

1.1　视频目标检测概况

运动目标检测是目标检测和跟踪及行为识别的基础，在监控视频数据挖掘领域中应用广泛。目前运动目标检测的主要算法有帧差法[11]、光流法[12]、背景差分法[13]。帧差法是通过在图像序列相邻的两帧或三帧之间做减法，从而提取出运动目标前景区域，该方法最大的优点就是算法简单，但获取的运动目标前景一般不够完整，很容易出现“空洞”且对于缓慢移动的物体易造成误判。光流法则具有较高的准确性，它的局限在于计算复杂，难以达到监控视频处理中实时性要求，一般用于非静态场景。背景差分法最重要的是要构建背景模型，通过当前帧与背景模型做减法，得到运动目标前景区域；其计算量小、抗噪能力强、精度高，但是容易受到外界环境变化的影响且需要背景已知。因此，效率高、实用性好的背景模型的构造成为背景差分法的研究重点。

目前，背景模型构建方法已被广泛地运用和优化，但是在这些方法中大多数只应用了颜色特征或纹理特征信息。例如，基于颜色特征的混合高斯模型(GMM)[14]、编码索引(CodeBook)[15-16]模型等。GMM模型通过对样本进行概率密度分布估计，并依据概率大小分类，其在动态背景下(如抖动的树叶)处理效果较好。CodeBook模型将背景像素用多个码元表示，对于复杂的背景有较好的处理效果。然而基于颜色特征构建的模型存在的缺陷是当背景模型从低亮度变为高亮度时，像素点容易被误判为前景，且对光照和阴影敏感。Ojala等基于局部二值模式(local binary pattern，LBP)纹理算子进行背景建模[17]，而LBP纹理也常被用于人脸识别[18-19]。基于LBP纹理的背景建模算法几乎不受光照和阴影的影响[20]，但对于前景纹理不丰富的情况，可能产生空洞[21-22]。因此，可以充分利用颜色特征和纹理特征的优点，互补两者的缺陷，构建融合两种特征的背景模型。贾永华、乐应英等提出将GMM和LBP的特征融合[23-24]，其充分利用了LBP纹理特征对光照和阴影的鲁棒性，有效抑制了阴影并解决了因光照变化引起的误判问题，加之与颜色特征的融合，改善了前景纹理不丰富而造成的空洞问题。然而，GMM方法计算量大，对于光照较为敏感，LBP纹理特征则对如晃动的树叶、闪烁的水面等复杂动态背景造成的动态阴影仍不能很好地处理。

背景提取算法(ViBe)[25-26]是一个由Olivier Barnich等提出的基于颜色的运动目标检测算法。其采用首帧初始化，并首次使用随机选择策略，在第二帧就提取前景目标，计算简单、检测速度快，在一定程度上对噪声鲁棒。尺度不变三值模式(scale invariant local ternary pattern，SILTP)[27-30]尺度不变的局部三值模式(local ternary pattern，LTP)[31]纹理特征提取算子是由L. Shengcai等人提出，LTP改进了LBP纹理算子在邻域像素相近时对局部噪声鲁棒性不够的问题。然而，其在处理多尺度目标和部分遮挡的问题上存在一定的局限性。SILTP算子的优点在于其计算效率较高，只比LBP多一次比较，它还引入了区间范围，增强了对噪声的鲁棒性，引入尺度不变特性之后，有效改善了光照变化带来的影响。

文献[29]仅基于SILTP纹理特征进行背景建模，在一定程度上得到了不错的效果。文献[30]在ViBe的基础上将SILTP纹理模型作为辅助，它的应用策略是颜色特征模型与纹理特征模型均将当前像素点分类为背景时，则被标记为背景。若两者同时分类为前景，或仅纹理特征模型分类为前景，则为前景。若其中颜色特征模型分类为前景，纹理特征分类为背景，就需要通过颜色模型(hue staturation value，HSV)进行阴影判断。但是，该方法将基于颜色特征的背景模型分类为背景、基于纹理特征的背景模型分类为前景的像素点简单的分类为前景，其可能隶属于复杂动态背景（如晃动的树叶）时，此像素点应分类为背景。再者，它将基于颜色特征的背景模型分类为前景、基于纹理特征的背景模型分类为背景的像素点简单分类为背景，其可能是纹理不丰富产生的空洞，应该分类为前景像素点，该方法未能深入区分[30]，造成检测结果存在很多空洞，检测目标不完整。

1.2 视频语义分析概况

近年来比较火热的大数据研究应用如智慧城市、智慧工地、智能医疗、智能交通、智能社区等都已经在不断启动和建设中，大数据的研究应用越来越多，视频数据分析是目前大数据研究的重要组成部分。对于智慧城市、交通的建设来说，视频检索是一个极富挑战的工作，而监控视频语义分析研究又是重中之重[32]。

在城市的区域和隧道中，各个地方的监控摄像头实时采集了大量的视频数据，庞大数据给城市管理和安全防范提供了很大的支持，然而这些视频数据的查找、分析处理是一个难题。如何去除监控视频中存在的无用信息并快速检索到感兴趣的目标信息是当前视频监控研究的一个待突破的难题。而对这些问题的深入研究，重点要解决监控视频中低层特征和高层语义间的"语义鸿沟"问题。但目前在视频语义分析研究方面，缺少强有力的方法实现语义映射，来减小"语义鸿沟"[33-35]。

随着视频监控在城市安全方面的应用，利用监控视频实时检测和识别可疑行为是目前研究的重点，该领域的研究也成为计算机视觉研究的一个热点[36]。对该领域的研究非常必要也颇有意义，若能有效地将监控视频数据进行处理，准确快速地得到视频的语义信息，则能够很好地反映所发生的事情[37]。针对视频所具有的特性，本书采取三个层次的分析方法研究整个视频的内容[38]，进而得到视频的语义信息，如车辆检测、行人检测、异常事件[39-40]、轨迹跟踪等[41-42]。对于一些特征，选择比较具有代表性的，如 Haar 特征、SIFT 特征等[43]，通过训练获取强分类器，对研究对象进行分类。对于视频中车辆、行人等目标的检测采用属性语义分析，而对于事件的检测，可以根据目标对象属性的关联性搜索来进行。

目前还缺少有效的视频高层语义提取方法。视频数据实际上是由文本、视频及图像等多种数据组合起来的[44]，相互之间并非独立而是存在语义上的关联。就视频本身而言，很多对视频帧中的纹理、颜色、形状等低层特征进行特征提取的方法能有效地得到视频中的低层特征。而低层特征与人类认知中的高层语义之间仍有一定的距离，在低层特征上看起来相近的视频从高层语义角度来看可能具有较大的差异。因此，提取并描述视频高层语义特征是视频语义分析的前提条件，也是视频语义分析检测技术的关键。视频中语义是视频对象在某个场景中所发生的事。在视频语义分析框架构建过程中，不同层次的语义之间可能相互关联，根据对象、事件语义上的相互关联抽象化，实现视频语义检测。目前，无论是视频，还是帧图像处理都采用"关键字"表示自身信息[45]。但场景、对象、事件之间有什么关联，又如何表示，就需要一种能全面而准确表示视频语义的形式，也是视频语义事件分析和检测中在描述视频语义和理解视频语义领域的一个难题。

语义最早用于人工智能和知识工程领域，用于表示语音信息。语义指在颜色、纹理、形状等低层特征信息之上，图像或视频所表现出的感知信息，是高层的信息。视频语义信息，包括每帧图像的低层信息，还有视频对象的变化和空间转换的语义。视频语义是对视频中对象、事件以及对象和事件之间关系的表示。目前，针对视频语义的研究，大部分是通过对视频进行标注，采用视频语义标签，即用一系列的"关键字"来表示视频帧里的对象、场景、事件的语义信息。

人们在检测监控视频数据时，对视频理解是建立在视频帧图像所描述的场景、对象和事件等高层语义信息的基础上，而计算机的理解则是建立在颜色、纹理、形状等低层特征的基础上，两者之间产生了检索需求[46-47]的距离，即为"语义鸿沟 "。采用颜色、纹理、形状等低层特征对视频帧或图像的描述通常与人的描述存在差异，仅仅利用这些低层特征作为依据，检索效果不尽如人意。因此，解决这个问题的思路就是找到一个有效的低层到高层的特征映射方法，并且可以准确进行检索[48-49]。视频语义信息是从视频特征到提取图像或视频中人类视觉的概念。视频语义的检索很复杂，但也是视频领域的热点研究方向。视频本身具有一定的层次结构，不同层次会产生不同粒度的语义，而且不同粒度的语义之间会形成一定的层次关系。因此，在视频语义提取和形式化表示过程中，需要制定一系列的规则来获取视频的行为语义信息[50-53]。

针对视频图像研究领域，国内外专家也做了很丰富的研究。Mazloom 等用 TagBook 来表示视频语义[54]，并用来进行事件的检测工作；钱晓峰等用基于形状特征的划分来进行匹配图像检索[55]；夏利民等在针对监控视频中人体可疑行为识别时[56]，采用案例分析。王敏超等用可鉴别稀疏表示视频语义中局部敏感[57]的信息；Biris 等用 JPEG2000 来压缩视频中定义的随机变量，并用来处理视频数据[58]；Gotmare 等用基于内容的向量表示方法来实现图像的检索[59]。Snoek 等对视频中的概念、对象和事件分别进行分析[60]。目前，视频图像语义理解研究正在深入进行，真正意义上的攻克难题还有待进一步的研究。

第2章 基于互信息量的视频关键帧提取

目前,监控视频大量分布于城市之中。监控视频分析很多时候只能依靠人工来完成,大量数据带来的不仅仅是全面而丰富的资源,还有烦琐而低效的检索,会浪费大量的人力、物力。针对视频检索分析工作进行关键帧提取,通过提取这些帧序列,从而达到优化数据、压缩数据的目的,为未来的视频语义分析提供基础。

蒋元友[61]提出了一种基于聚类的关键帧提取方法,首先进行镜头边界检测,然后用聚类形成了数据更小的子镜头,最后从子镜头中选择与聚类中心距离最小的一帧作为关键帧。Qu 等[62]改进了用于视频镜头检测的传统直方图算法,结合直方图交集、阻塞加权等,解决了镜头检测的缺陷和直方图对细节变化不敏感的问题。Thepade 等[63]提出了运用分块编码基于视频内容的关键帧提取方法,用连续两帧的失效矢量和相似度计算来提取关键帧。Huang 等[64]在信息论原理基础上提出了这种基于互信息量提取关键帧的方法,并实验验证了互信息量能够大幅提升关键帧提取效率的结论。互信息量通过计算信息量确定阈值,划分初始类,从而得到关键帧序列。刘荣等[65]提出了基于背景差分和光流法的运动目标检测方法,对高斯混合模型和光流法进行了详细的介绍。Wang 等[66]提出了一种能够在三维视频序列中识别人体动作的关键帧提取方法,采用自适应加权仿射传播算法,有较良好的分类精度。Thakre 等[67]基于压缩视频流的关键帧提取方法做了较为系统的研究,提出了一种使用自适应阈值的方法提取压缩视频关键帧的算法。

以上是针对近年来国内外学者对视频关键帧提取方法的研究成果。我们总结出了四种经典的关键帧提取算法:分析镜头边缘提取关键帧、帧平均法提取关键帧、直方图平均法提取关键帧和通过视觉内容匹配提取关键帧。在分析总结上述方法优缺点的基础上,提出了一种基于互信量的关键帧提取方法,并对这五种算法进行比较分析,为实际应用提供支持。

本章总结了主流的五种关键帧提取方法,从信息熵入手,重点研究了基于互信息量提取关键帧,在有效性和准确性方面都比较好,是本章方法的特色所在。当前的关键帧提取方法已经比较成熟,基本的语义分析方法亟待重大提升。例如对于视频内容中事物的确定：人能识别较高层面的语义，如对象、行为、场景和事件；而人工智能只能识别较低层面的语义，如形状、纹理、颜色。在模式识别和机器学习的基础上，人工智能可以识别一定的对象、场景，但行为和事件仍是当前研究的难题。后续章节，将会就这个方向继续研究，加深了解图像视频的特征提取及标注问题，对图像视频语义分析方面有更进一步的推进。

2.1　视频镜头分割

本节讨论的关键帧提取是基于单个镜头的关键帧提取。将一个视频结构化分析，如图 2.1 所示，首先进行镜头分割，然后基于分割好的镜头提取关键帧，得到了若干个帧图像，帧图像根据图像内容分组得到场景。镜头分割时，首先需要计算帧差，常用的帧差方法如下：像素比较法、直方图比较法、边缘比较法和块匹配法[68-69]。本节镜头分割采用经典的双阈值法将视频进行初次分割，得到子镜头，提出了一种基于滑动窗口的子镜头分割算法[70-71]。

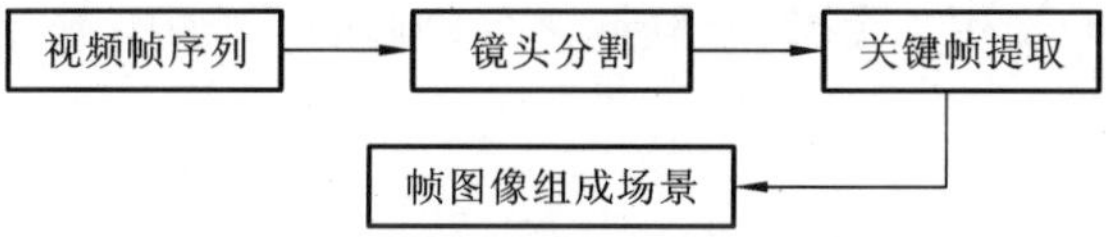

图 2.1　视频结构分析流程图

首先，给视频帧序列加上一个滑动窗口，在窗口的小范围内去找寻可能的子镜头边界。滑动块从正中间将窗口划分为两个部分，由于镜头内连续帧间的帧差相对较小，可将其视为类来处理。本节采用 Fisher 线性两类问题。

在两类问题上，Fisher 线性判别的思想将多维空间的数据样本投影到一维空间上，使得两个类的类间方差尽量大，而类内方差尽量小。

设两个类分别为 C_1 和 C_2，样本为 x，均值为 m_1 和 m_2，方差为 s_1 和 s_2，于是有

$$m_k = \frac{1}{N_k}\sum_{n \in C_k} x_n \qquad (k = 0,1) \tag{2.1}$$

$$s_k^2 = \sum_{n \in C_k} (x_n - m_k)^2 \quad (k = 0,1) \tag{2.2}$$

使得不同类的类间方差尽量大，而类内方差尽量小，即使得两者的比值 $\frac{(m_2 - m_1)^2}{s_1^2 + s_2^2}$ 最大时，在一维空间中将两个类最优划分。

理想状态下，子镜头内部的 Fisher 准则较小，趋近于 0，因为摄像机或者物体运动导致的子镜头边界处的 Fisher 准则较大。实际上，子镜头内部存在由微小波动导致的局部极大值，应当被视为噪声。因此，采用高于 Fisher 准则均值的局部极大值作为子镜头边界。

2.2 经典关键帧提取方法

本节的关键帧提取是在子镜头分割的基础上进行的。

2.2.1 分析镜头边缘提取关键帧

分析镜头边缘提取关键帧[72] 是选取这些片段的首尾帧作为关键帧。

取 $f_1, f_{N/2}, f_N$ 作为预选的关键帧。f_i 和 f_j 的帧间差为 $D(f_i, f_j)$。计算 $D(f_1, f_{N/2}), D(f_1, f_N), D(f_{N/2}, f_N)$，分别与阈值 T 进行比较。若 $D(f_1, f_{N/2}), D(f_1, f_N), D(f_{N/2}, f_N) < T$，则视为相似图像，任取其中一帧作为关键帧；若 $D(f_1, f_{N/2}), D(f_1, f_N), D(f_{N/2}, f_N) > T$，则三帧图像差别相对较大，将它们都作为关键帧。除此之外，判断它们的距离，距离最大者对应处取为关键帧[73]。

2.2.2 帧平均法提取关键帧

关键帧提取最直接的算法就是基于帧图像的算法，包括帧平均法和直方图平均法。帧平均法首先取视频片段所有帧在 i 处的均值

$$\overline{R_i} = \frac{\left(\sum_{k=1}^{n} R_{ki}\right)}{n}, \quad \overline{G_i} = \frac{\left(\sum_{k=1}^{n} G_{ki}\right)}{n}, \quad \overline{B_i} = \frac{\left(\sum_{k=1}^{n} B_{ki}\right)}{n} \tag{2.3}$$

其中：n 代表视频片段中所有的帧数；$\overline{R_i}, \overline{G_i}, \overline{B_i}$ 分别代表 R, G, B 均值；R_{ki}，G_{ki}, B_{ki} 分别代表 R, G, B 值。每帧与均值的差值为

$$D_{ki} = |R_{ki} - \overline{R}| + |G_{ki} - \overline{G}| + |B_{ki} - \overline{B}| \tag{2.4}$$

选取 D_{ki} 的最大值和最小值对应帧作为关键帧。

2.2.3 直方图平均法提取关键帧

直方图平均法主要通过选取视频片段中的每一帧，将其统计成直方图并求平均值，然后每帧的直方图与这个平均值相比较，求其两个极值，并将对应

的帧找出来，当作关键帧[74]。

直方图比较法通常是基于图像的亮度、颜色、灰度这三个值，将它们分别划分为 N 个等级，统计每个等级中各像素点个数，绘制成直方图。设图像帧的总像素为 M，灰度级为 N，具有 k 级灰度的像素有 f_k 个，图像颜色特征的统计直方图是一个离散函数，k 级灰度的频率为

$$h_k = \frac{f_k}{M} \quad (k = 1, 2, \cdots, N) \tag{2.5}$$

直方图显示了图像的灰度值分布情况。图 2.2 中为视频任取一帧图像的灰度直方图。将镜头所有帧的灰度直方图取平均值，从而得到关键帧。

(a)　(b)

图 2.2　灰度直方图实例

2.2.4　通过视觉内容匹配提取关键帧

通过视觉内容匹配提取关键帧，其算法思想为：选取一段视频片段，先把第 1 帧作为关键帧，同样地也设置成参考帧，而之后每帧与参考帧作比较，当第 k 帧与选定的这一帧的差别大于阈值 T，则第 k 帧就更新为新的参考帧，一直会循环下去，直到视频片段全部检测完毕[72-73]。流程图如图 2.3 所示。

取帧数为 N 的一段视频流，$I = \{f_1, f_2, \cdots, f_N\}$；选取 I_1 为参考帧，根据颜色直方图定义两帧的相似度，并设置一个阈值 T。f_j 和 f_i 的相关系数为

$$\rho_{ij} = C_{ij} / (\sigma_i, \sigma_j) \tag{2.6}$$

其中：$C_{ij} = (f_i - \boldsymbol{m})(f_j - \boldsymbol{m})$，$\boldsymbol{m}$ 为均值向量；$\sigma_i^2 = C_{ii}$。将相关系数和阈值比较，得出一定数目的关键帧。

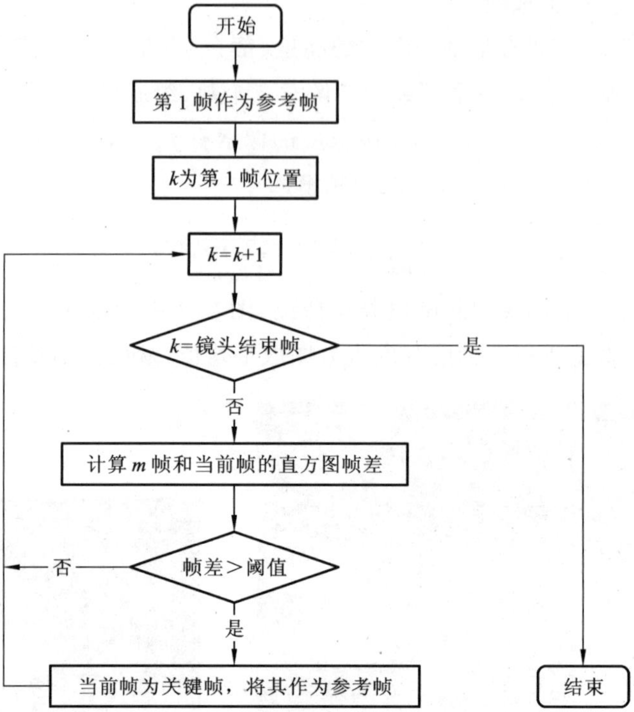

图 2.3　通过视觉内容匹配提取关键帧流程图

2.3　基于互信息量的关键帧提取方法

前面四种关键帧提取方法虽然在一定程度上能够实现关键帧的提取，但仍有不足之处。分析镜头边缘提取关键帧易受外界影响，当镜头（摄像机）运动发生变化时，会导致镜头边界的误判，不能正确提取关键帧。当视频内容较复杂时，帧平均法和直方图平均法提取的关键帧代表性比较差。通过视觉内容匹配提取关键帧计算量适中，得到的关键帧序列比较合理，但并不适用于所有视频。通过以上方法的学习，本章提出了一种基于互信息量的关键帧提取方法。互信息量法引进了信息熵[75-79]，能够计算出帧间互信息量值，划分初始类。同时本节的方法能通过计算自主选取阈值[74,80]。以下是本节提出的一种基于互信息量的关键帧提取算法的步骤。

步骤 1　计算连续两帧的互信息量值占的比率越高，相似性越高。

$$I(X,Y) = H(X) + H(Y) - H(X,Y) \tag{2.7}$$

$$H(X,Y) = -\sum_{i,j} P_{XY}(i,j)\log P_{XY}(i,j) \tag{2.8}$$

其中：X,Y 代表两个随机变量；$H(X)$ 为信息熵；$I(X,Y)$ 为 X,Y 的互信息量；P_{XY} 为 X,Y 的联合概率分布。

求其 RGB 分量的互信量，由上面给出的互信息量公式计算可得

$$I_{X,Y}^{R} = -\sum_{i=0}^{N-1}\sum_{j=0}^{N-1} P_{X,Y}^{R}(i,j)\log \frac{P_{X,Y}^{R}(i,j)}{P_{X}^{R}(i)P_{Y}^{R}(j)} \tag{2.9}$$

同理，可得 G 分量和 B 分量的互信息量值。

连续两帧互信息量值为

$$I_{XY} = I_{X,Y}^{R} + I_{X,Y}^{G} + I_{X,Y}^{B} \tag{2.10}$$

步骤 2　阈值 T 的选取。

取帧数为 N 的一段视频流，$I=\{I_{1,2},I_{2,3},\cdots,I_{N-1,N}\}$，将 I 中元素排序，得到新的 $I_{sort}=\{I_1,I_2,\cdots,I_{n-1}\}$，其中 $I_1 \geqslant I_2 \geqslant \cdots \geqslant I_{n-1}$。

联立式(2.11) ~ (2.15)，求 T 的值。

$$T = \operatorname{argmin}\delta_w^2 \tag{2.11}$$

$$\delta_w^2 = q_H\delta_H^2 + q_L\delta_L^2, q_H = T, q_L = N - T - 1 \tag{2.12}$$

$$\mu_H = \frac{1}{q_H}\sum_{i=1}^{T} I_i, \mu_L = \frac{1}{q_L}\sum_{T+1}^{N-1} I_i \tag{2.13}$$

$$\delta_H^2 = \frac{1}{q_H}\sum_{i=1}^{T}(I_i - \mu_H)^2 \tag{2.14}$$

$$\delta_L^2 = \frac{1}{q_L}\sum_{T+1}^{N-1}(I_i - \mu_L)^2 \tag{2.15}$$

在公式(2.11(~ (2.15) 中，T 表示阈值，H 表示信息量为 T 的视频帧，L 表示与 H 对称的视频帧，u_H 表示 I_1-T 的互信息量的平均值，u_L 表示 T-I_N 的互信息量的平均值，q_H 表示第一帧与 T 帧之间帧数，q_L 表示 $T+1$ 帧与 N 帧之间帧数 δ_H^2 表示 I_1-T 的互信息量的方差，δ_L^2 表示 T-I_N 的互信息量的方差。

若连续的两帧的帧间差 $D(k,k+1) \leqslant I_T$，从这里开始另一段的划分。最后，将视频流划分为 k 段，如 $part_1, part_2, \cdots, part_k$。

步骤 3　关键帧提取。

上面步骤主要完成了第一步初始类的划分，接下来完成基于互信息量的关键帧提取方法的核心算法。

将 $part_1$ 看作第一个初始类 D_1，则互信息量均值为$\overline{M_1}$。

互信息量的均值计算如下。

首先判断 $|\overline{M_t} - \overline{M_k}| > \delta$ 是否成立，若 $k=k+1$，划分新的初始类；否则，

$part_t$ 归并到 D_k 中，然后计算$\overline{M_k}$。

$t < K$ 时，重复步骤 2。判断所有的 D_k，取互信息量相似的均值$\overline{M_k}$ 对应帧作为候选关键帧。

步骤 4　结果修正。

该方法提取出来的关键帧存在冗余，为使镜头内容更为简洁，需对结果进行修正，以下是两条修正原则：

在同一镜头内，图像内容相似，所以对一些相隔较短的关键帧，可只取其中一帧；若相邻帧间互信息量小于 I_t，说明这两帧的差别很大，这两帧均取为关键帧，否则应舍弃其中一帧[81]。

2.4　实验结果与分析

实验环境：实验以 Visual Studio 2010 作为开发工具，并运用了微软基础类库（microsoft foundation classes，MFC）。

数据来源：采用的数据集来源于武汉市隧道智能监控系统（水果湖、阅马场、汉口火车站、八一路等），随机选取阅马场道路交通监控视频和水果湖隧道监控视频的部分数据。

实验视频是一段下午 2 点至 2 点半阅马场道路交通监控视频，全长 291 帧，首先采用基于滑动窗口的子镜头分割算法将镜头分为三个子镜头。图 2.4是本章五种算法的关键帧提取情况。

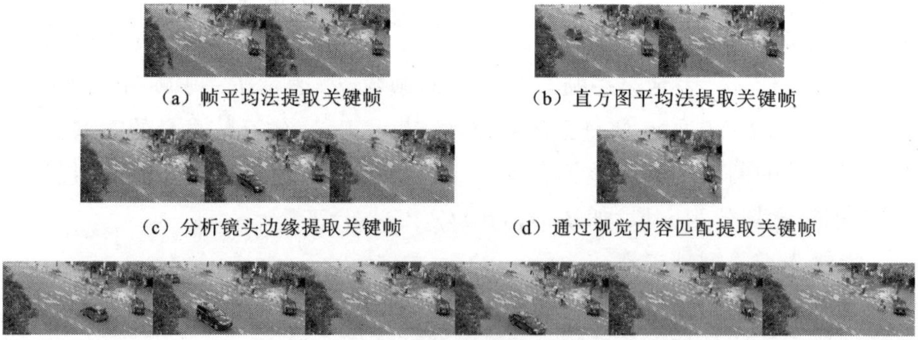

（a）帧平均法提取关键帧　（b）直方图平均法提取关键帧

（c）分析镜头边缘提取关键帧　（d）通过视觉内容匹配提取关键帧

（e）基于互信息量关键帧提取

图 2.4　五种算法的关键帧提取情况

实验视频描述了在短时间段内车辆通过情况，在该时间段共有一辆红车和两辆黑车经过。图 2.4(a)和图 2.4(d)均没提取到该关键帧内容，图 2.4(b)和图 2.4(c)分别提取到一辆车信息，图 2.4(e)提取了三辆车信息。实验结果表明，基于互信息量得出的关键帧比较可靠，能反映视频核心内容。在背景比较单一的情况下，如果存在一定的冗余，说明算法比较合理，能够提取到足够多的能够说明视频内容的关键帧，如图 2.4(e)所示，该监控视频提取的关键帧包含了该时段所有车辆通过情况。当视频内容相对较少时，只有提取更多的关键帧才能进行语义分析，而前三种算法提取的关键帧过于简单，反映不了问题。通过视觉内容匹配提取关键帧这种算法由于背景过于单调，只提取了一帧，不能说明监控视频内容。值得注意的是，基于互信息量的关键帧提取这种算法，如图 2.5 所示，阈值选定不同得到的结果也不同。经实验结果分析，该视频的阈值取在 0.23 左右较为合理，一般情况阈值靠实验结论确定。

(a) 阈值$T=0.23$基于互信息量的关键帧提取

(b) 阈值$T=0.6$基于互信量的关键帧提取

图 2.5　基于互信息量的阈值选取

为了增加可信度，做了很多实验并进行结果分析，下面是其中部分实验结果展示，如表 2.1 所示。

表 2.1　监控视频数据表

视频	测试帧数	实际关键帧数	互信息量法提取关键帧数	时长/s
水果湖隧道视频 1	6 451	160	206	258
水果湖隧道视频 2	5 751	127	156	230
水果湖隧道视频 3	2 441	19	24	81
水果湖隧道视频 4	15 598	390	489	634
水果湖隧道视频 5	8 931	234	302	357
水果湖隧道视频 6	3 543	74	97	142
水果湖隧道视频 7	5 542	148	182	222

本章的目标视频采用随机抽样方法从武汉市隧联网监控视频数据集中选

取,采用社会化标注法进行真值的确定。

$$查全率=\frac{该方法检测出的实际关键帧数}{实际关键帧数}\times 100\%$$

$$查准率=\frac{该方法检测出的实际关键帧数}{该方法检测出的关键帧数}\times 100\%$$

针对水果湖隧道视频 1 的几种关键帧提取方法实验结果比较,如表 2.2 和图 2.6 所示。

表 2.2　监控视频关键帧提取方法比较

关键帧提取方法	查全率/%	查准率/%
帧平均法	78.6	48
直方图平均法	84.1	68.6
镜头边缘法	85.4	66.7
视觉内容匹配法	89.4	70.3
互信息量法	89.7	69.9

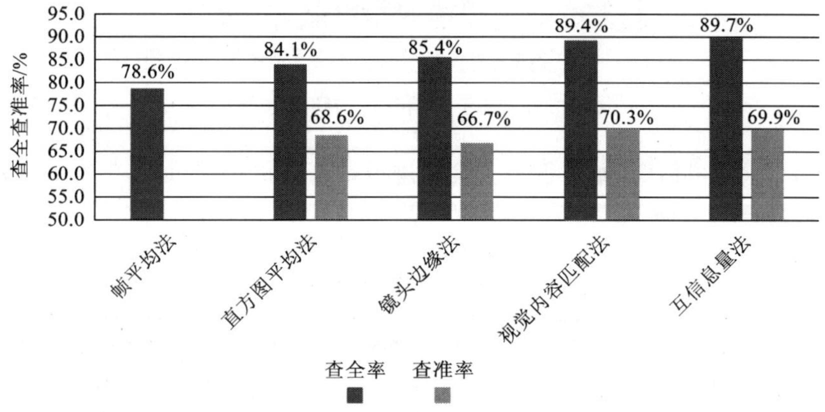

图 2.6　监控视频柱状图

通过比较这几种算法提取的关键帧序列可得:视觉内容匹配法和互信息量法在有效性和准确度方面比较成功,它们能基本实现需求,即成功提取视频流中的关键帧,实现了视频内容提取,去掉了一些不必要的帧片段[82-85]。而基于帧图像的两种方法提取的关键帧查准率较低,提取的关键帧代表性较差,但这两种算法简单易懂,操作简单,适用于信息量大且不需要严格提取关键帧的情况,同时,它们的分析思路是学习提取关键帧的前提。镜头边缘的关键帧提取方法容易受外界影响,缺乏有效特征,视频有时存在闪光、物体/摄像机运动,加之视频种类多样,这些不利因素的影响都会引起镜头边缘的误判和漏判,从而使关键帧的提取出现问题。这五种算法各有利弊,根据视频类型选择合适的算法,有利于提高效率,以取得使用者满意的效果。

第 3 章　视频特征的表示及检索

在对监控视频进行检索的过程中，用户对其检索的聚焦点不再是监控视频数据本身上，而是转到了对监控视频信息特征的数据检索，即监控视频的表示数据。由于监控视频信息的特征多种多样，结构复杂，所以设计适合监控视频信息特征的表示和存储，便于用户的检索，是监控视频信息特征组织和管理的重点。

本章首先针对监控视频信息特征表示与管理问题，设计一种层次化的表示方法，将原始视频存于监控视频数据库中，将信息特征表示存于监控视频表示数据库中，并研究视频元数据、底层特征数据、语义特征数据、注释数据及视频结构数据的存储方式。

然后分析 R-树存在的问题，对 R-树节点分裂算法进行了改进，给出一个新的分裂算法 NodeSplit。同时给出 R-树索引在存储中的读写算法。实验表明，本章算法在数据利用率及检索效率等方面均有提高。

3.1　视频结构分析

视频是非结构化的数据流，视频中包含了大量信息，从其内容组织上看视频具有层次化的结构，按照自上而下可以划分为情节、场景、镜头和帧四个层次，这些视频结构单元如图 3.1 所示。其中，最底层的帧表示的是最基本的数据元素；镜头则表示的是摄像机在一次连续操作中拍摄的内容，包含了一次连续拍

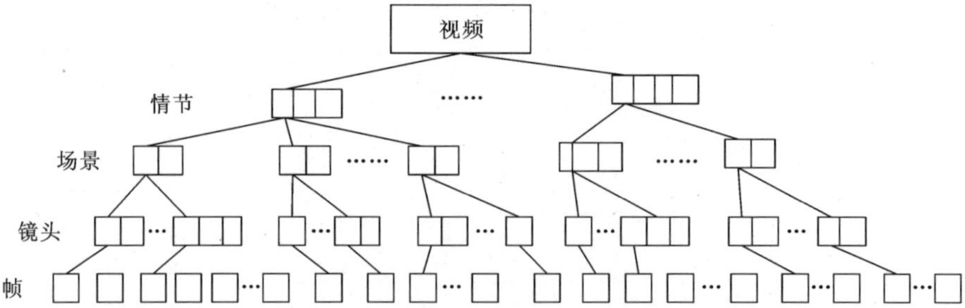

图 3.1　视频单元的层次结构

摄的帧序列；场景是由时间上相邻的、具有相似视觉属性的、内容相关的若干镜头组成；情节则是由一组语义相关的、具有内在联系的、能够表达某个事件情节的场景组成。关键帧提取、镜头分割、场景检测、情节划分等部分组成了视频的内容分析，通过将视频进行层次化地数据分割以及内容分解，生成一系列相关的视频单元。

3.1.1　视频的层次结构

视频按照其层次结构从上到下可以划分成情节、场景、镜头和帧等视频结构单元。一段视频由若干个情节组成，一个情节也可以划分成多个场景，一个场景又包含若干个镜头，一个镜头又可以划分成多个视频帧。按照视频的层次结构，视频单元的表示数据也就是视频的信息特征也可以以层次结构进行管理，如图 3.2 所示。

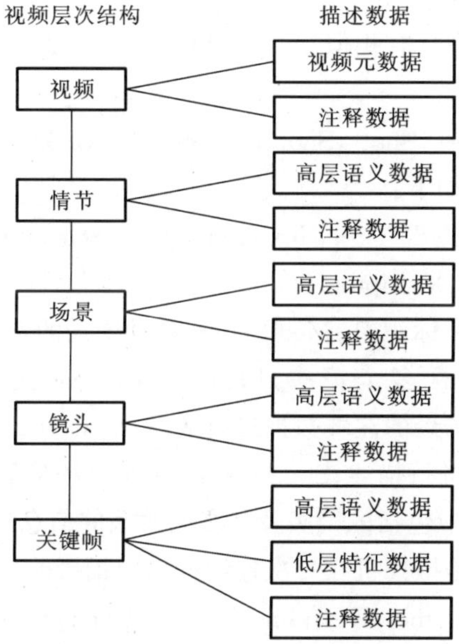

图 3.2　视频单元的表示数据组织

下面给出视频的相关定义。

定义 3.1　视频是描述完整的剧情内容的连续的若干个情节的集合。

$$\text{Video}=\{\text{Episode}_1,\text{Episode}_2,\cdots,\text{Episode}_n\}\quad (n\text{ 为正整数})$$

视频的属性可以描述为

$$\text{Video}=\{\text{ID},\text{Location},\text{SerialNumber},\text{MediaTime},\text{TextAnnotation}\}$$

其中:ID 是视频的唯一标识符;Location 表示的是视频所在的网络位置;SerialNumber 是视频序列号,表示该视频文件是原始视频的第几个文件;MediaTime 用来描述视频的起止时间;TextAnnotation 是对视频的注释数据进行描述。

定义 3.2 情节是描述完整的故事单元内容的连续的若干个场景的集合。

$$\text{Episode}=\{\text{Scene}_1, \text{Scene}_2, \cdots, \text{Scene}_n\} \quad (n\ \text{为正整数})$$

情节的属性定义如下:

$$\text{Episode}=\{\text{ID}, \text{MediaTime}, \text{TextAnnotation}, \text{SemanticsDescriptor}, \text{Scenes}\}$$

其中:ID 是情节的唯一标识符;MediaTime 则对情节的开始时间和结束时间进行描述,由于情节包含多个场景,因此 MediaTime 拥有许多组起止时间;TextAnnotation 是对情节的注释数据进行表示;SemanticsDescriptor 是对情节中包括的语义特征信息进行描述;Scenes 则用来描述的则是构成一个情节的若干个场景及其之间的关系。

定义 3.3 场景是具有相似视觉属性的、能够表达某一语义事件的若干个镜头的集合。

$$\text{Scene}=\{\text{Shot}_1, \text{Shot}_2, \cdots, \text{Shot}_n\} \quad (n\ \text{为正整数})$$

场景的属性定义如下:

$$\text{Scene}=\left\{\begin{array}{l}\text{ID}, \text{MediaTime}, \text{TextAnnotation}, \text{SemanticsDescriptor}, \\ \text{ShotDescriptor}, \text{Shots}\end{array}\right\}$$

其中:ID 是场景的唯一标识符;MediaTime 则对场景的开始时间和结束时间进行描述,由于场景包含多个镜头,因此 MediaTime 拥有许多组起止时间;TextAnnotation 是对场景的注释数据进行表示;SemanticsDescriptor 是对场景中包括的语义特征信息进行描述;ShotDescriptor 是对场景的镜头特征数据进行描述;Shots 则是对场景中包括的镜头及其之间关系的信息进行描述。

定义 3.4 镜头是摄像机在一次连续操作中拍摄的连续的帧序列。

$$\text{Shot}=\{\text{Keyframe}_1, \text{Keyframe}_2, \cdots, \text{Keyframe}_n\} \quad (n\ \text{为正整数})$$

镜头的属性定义如下:

$$\text{Shot}=\{\text{ID}, \text{MediaTime}, \text{TextAnnotation}, \text{SemanticsDescriptor}, \text{Keyframes}\}$$

其中:只有 ID 能够表示 Shot 的识别码;MediaTime 表示 Shot 的时间段,含有起始时间和停止时间;镜头的注释数据的表示是 TextAnnotation;SemanticsDescriptor 是对镜头的语义特征数据进行描述;Keyframes 则用来对镜头中包括的关键帧及其之间关系的信息进行描述。

定义 3.5 关键帧是一张包含重要信息的视频帧。

关键帧的属性定义如下：

$$\text{Keyframes}=\left\{\begin{array}{l}\text{ID, MediaTime, TextAnnotation, VisualDescriptor,}\\ \text{SemanticsDescriptor}\end{array}\right\}$$

其中：ID是关键帧的唯一标识符；MediaTime则对关键帧的时间进行描述，用来表示关键帧在视频中的时间位置；TextAnnotation是对关键帧的注释数据进行表示；VisualDescriptor是对镜头的低层特征数据和局部特征数据进行描述；SemanticsDescriptor是对关键帧的语义数据进行描述。

3.1.2 视频的结构单元

视频结构单元一般通过关键帧提取、镜头分割、场景检测等方法划分产生。

1. 关键帧提取

关键帧是包含一些重要信息的视频帧，通常用于表达镜头的主要内容，为进行镜头分析和获取视频摘要提供基础。提取关键帧的主要目标是尽可能简洁地表达镜头的主要内容，因此提取关键帧时，要采用保守的原则，同时还要将关键帧之间的不相似性考虑在内。提取关键帧的常用方法有基于压缩域的方法、基于抽样的方法、基于运动分析的方法、基于颜色特征的方法、基于聚类的方法、基于镜头边界的方法、基于视频内容的方法。基于压缩域的方法并不对压缩视频进行解压，而是直接利用压缩域中视频数据的某些特征进行分析处理来提取关键帧。熊泽东从MPEG视频流中利用提取的宏块类型信息获取特征向量，然后简化特征曲线，选取曲线局部最小位置的视频帧作为关键帧[86]。基于抽样的方法可以是随机地选择若干个视频帧，可以是每隔一段相同的时间选择帧图像，也可以是在确定镜头中需要抽取的关键帧的数量后隔相同的时间选择帧图像。基于运动分析的方法是计算镜头中包含的运动信息，根据视频的运动特征的显著变化来提取关键帧[87-88]。基于聚类的方法考虑特征的相似性，通过对视频帧的聚类分析，抽取最靠近聚类质心的图像为关键帧。基于镜头边界的方法原来是提取镜头中的第一幅帧图像和最后一幅帧图像，后来常用的就是直方图平均法，该方法抽取与所有帧图像直方图的均值距离最小的帧图像，将其视为关键帧[89]。基于视频内容的方法选取镜头的第一帧作为关键帧，并将第一帧设为参考帧，然后判断帧图像的全局特征信息与参考帧的差值是否大于设定的阈值，如果差值大于阈值就抽取该图像为关键帧。

2. 镜头分割

镜头是摄像机在一次连续操作中拍摄的内容，包含了一次连续拍摄的帧序列。镜头分割[90-91]的主要目标是检测出镜头的边缘，将一段视频分割成若干个独立的镜头。同一个镜头中的各个图像相似性相对较大，不同镜头中的图像差异性较大，镜头的转换通常会使得视频中图像的视觉特性生成显著的改变，比如亮度突然变暗。按照边界转换类型的不同，一般分为渐变和突变两种类型，其中，突变是不经过任何过渡，立刻由一个镜头转为其他的镜头，渐变是通过逐渐地转变成其他的镜头，包括溶解、擦除、淡入和淡出等。镜头分割通常是通过计算和比较视频帧与帧之间特征相似度的差值来选择合适阈值，确定镜头边界的位置，根据这些边界分割视频，实现镜头的提取。镜头分割常用的有像素比较法、基于直方图的方法、基于边缘的方法、基于小波变换的方法、基于运动的方法和块匹配的方法。像素比较法是通过计算和比较连续两个视频帧之间的像素的差值决定镜头的突变。基于直方图的方法是通过比较相邻两帧的像素均值的改变，判断是否发生镜头的切换，相比于像素比较法，基于直方图的算法不将像素的位置信息考虑在内，利用的是视频帧亮度的统计值来检测镜头的边界[92]。基于小波变换的方法将视频帧实现小波变换后计算帧的频率变化来检测镜头的边缘。块匹配的方法将视频帧割裂为若干个区域，通过比较区域的相似性决定镜头的边界。

3. 场景检测

场景是由一组时间上相邻的、具有相似视觉属性的、能够表达某一语义事件的镜头组成。场景检测的主要目的是描述视频中含有语义意义的事件或活动，更好的利用镜头内容的语义信息[93]。场景检测又被称为镜头聚类，通常是在镜头分割的基础上进行研究的，一般在提取镜头特征之后，通过比较镜头与镜头之间的相似度差异是否超过阈值来提取场景[94]。场景检测根据是否关注时域上的连续性，划分成镜头分类和镜头聚类。在这里，镜头聚类是将时间上的连续性和内容上的相似性同时考虑在内，使用聚类方法将相似并且连续的镜头聚类生成场景，而镜头分类仅仅关注内容上的相似性。

3.2 监控视频信息的表示

MPEG-7 标准确立了各种类型的多媒体信息的标准表示方法，提供在多媒体环境下的音视频数据标准表示的核心技术和一套适用于各种类型的多媒体数据的表示工具，具有高通用性和高可扩展性的特点。监控视频相比于影视视频、体育视频、新闻视频等视频，拥有自己的特性，比如镜头固定、背景不变、关注空间结构等，将通用的 MPEG-7 标准径直应用到监控视频领域会导致产生的表述文档含有多余的成分，不够简洁清晰，所以本节针对监控视频信息特征的表示问题，结合监控视频的特点，设计了一个基于 MPEG-7 标准的监控视频信息特征的表示方案，如图 3.3 所示。

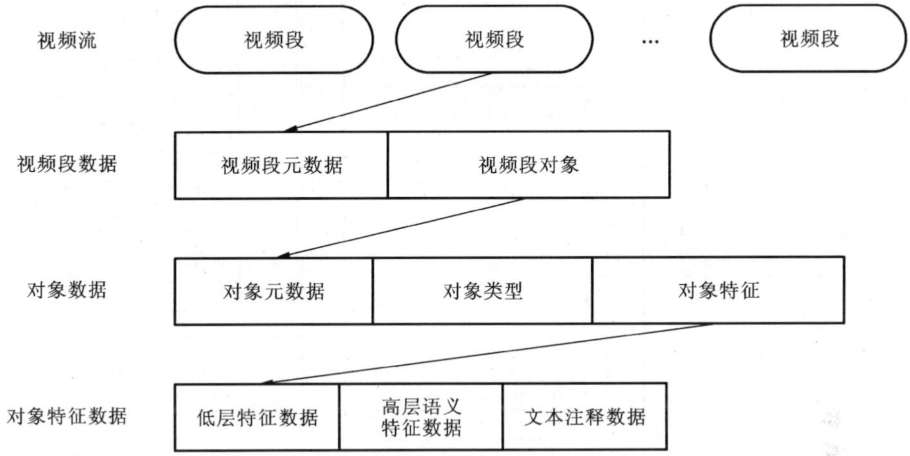

图 3.3　基于 MPEG-7 的监控视频信息的表示方案

由于监控视频需要保持 24 小时的连续性，监控视频的顶层抽象更相似于在时域上无限延续的视频流，因此本书制定的表示方案用若干个视频段来表示监控视频文件，实现分段表示。每一个监控视频对应一个摄像头，其位置基本保持不变，在分析同一个视频信息时，其多个视频段的时域结构保持一致，所以能够使用摄像头标记符表示某个监控视频。因此，拥有一样的摄像头标记符的连续的多个视频段的表示构成了一个监控视频的信息表示。

不同于体育视频、新闻视频等一般利用若干个镜头变化的组合来描述视频信息，监控视频的镜头会一直保持在一个方向上，其时域结构上的描述不需要太复杂，所以在应用中空域结构上的特点是监控视频更加关注。将空域结构的特点考虑在内，可以使用对象的描述形式来对视频段进行表示，如图 3.4 所示。监控视频对象的描述主要组成部分包括对象元数据、对象类型和对象特征，如图 3.5 所示。对于对象特征，本章选取了低层特征数据、高层语义特征数据和文本注释数据三类数据来对其进行描述。其中，低层特征数据包括全局特征数据和局部特征数据，实际应用中全局特征数据常用的有颜色特征、纹理特征和形状特征，局部特征数据常用的有 sift 特征、Harris 角点和 LBP 特征等属性特征。

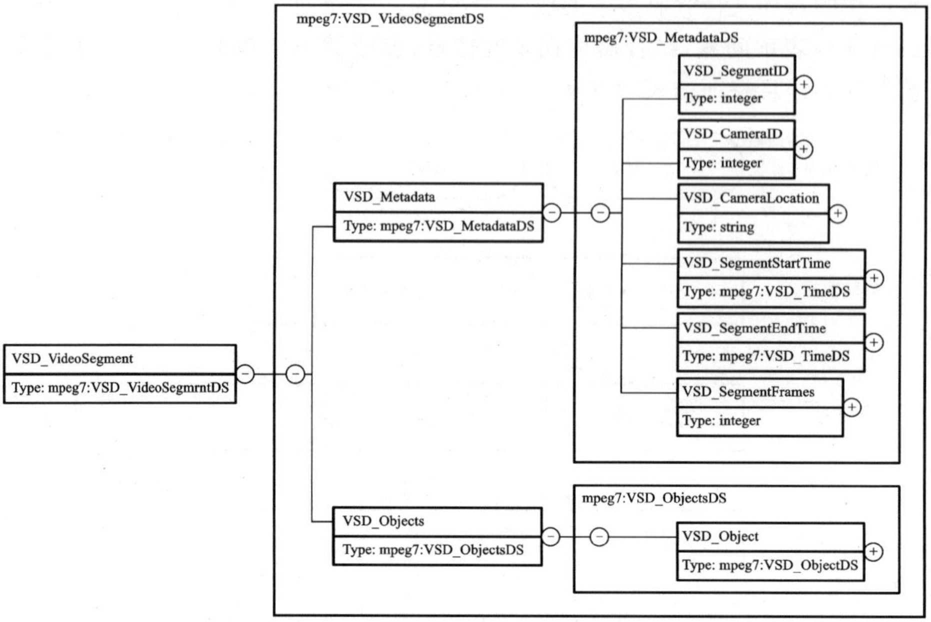

图 3.4　监控视频段的表示方案

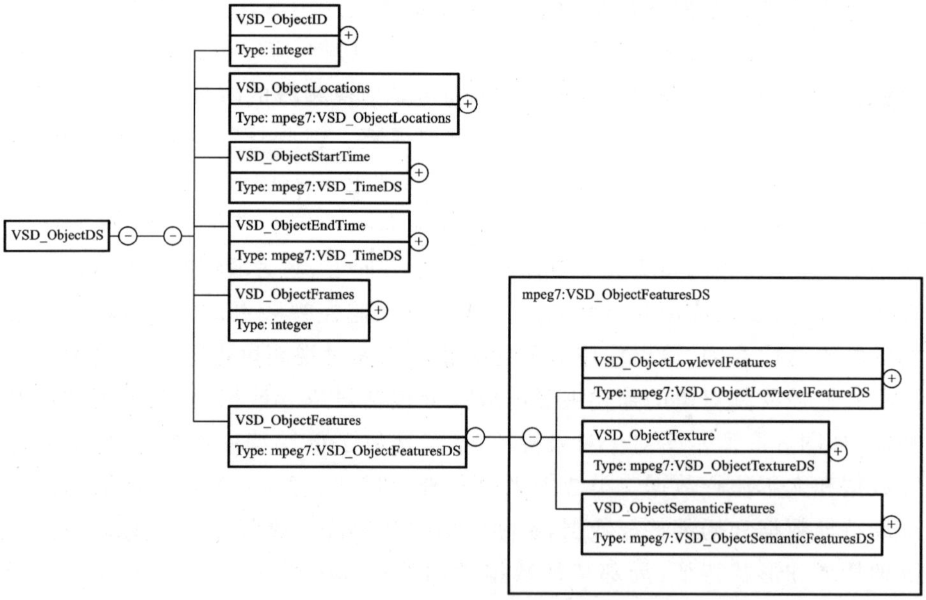

图 3.5　视频对象的表示方案

3.3　监控视频信息特征的存储

在监控视频信息的特征数据的组织中有两种数据:一种是原始的监控视频;另一种则是监控视频的表示数据,也就是监控视频信息的特征数据。这里,我们可以把监控视频的原始信息放在其对应的数据库中,特征数据信息放在对应的表示数据库中。在监控视频检索中,检索的对象是监控视频信息的特征数据,而非原始的监控视频。在实际应用中,为了提高监控视频的检索效率,原始监控视频信息的特征数据生成了监控视频描述文档,用户通过检索监控视频的表示文档确定需要的原始监控视频。图 3.6 展示了监控视频数据库与监控视频表示数据库之间的关系。

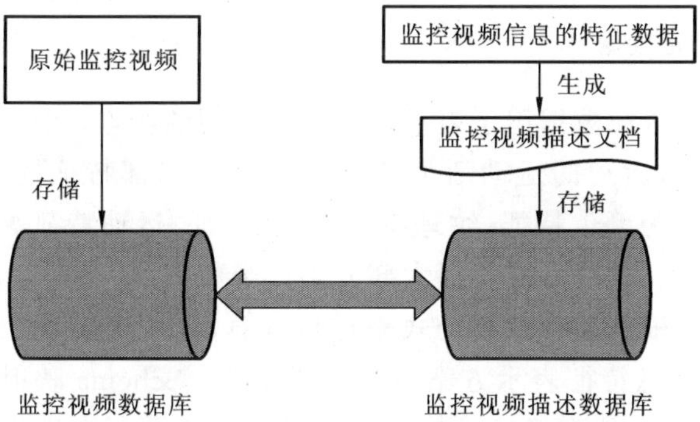

图 3.6　监控视频数据库与表示数据库的关系

由于特征数据复杂多变,我们一般采用多种描述方法来对特征数据进行表示。例如,在对视频中的一张图画进行表示时,可以对其进行文本、颜色、形状等描述方式,其中颜色特征数据又包括颜色直方图、颜色矩、颜色集、颜色相关图等多种表示方法。为了高效快速地对监控视频进行搜索查询,必须高效地存储和管理监控视频信息的特征数据,这就是监控视频信息特征的存储模型。通常监控视频信息的特征数据大致可以分为视频元数据、注释数据、低层特征数据、语义特征数据和视频结构数据五类。这五种数据需要通过建立实际表示文档到关系视图的映射,存储到表示数据库中。

1. 视频元数据

对视频的一些底层特征进行表示的元数据,我们称之为视频元数据。该类数据的产生一般有两种：原始视频数据（如时长、分辨率等）和人工标注（如题目、创建时间等）。视频元数据存储在视频元数据表中，如表 3.1 所示。该表的组成项有 FID（视频 ID）、Metadata Name（元数据名称）和 Metadata Value（元数据值）等。Metadata Name 用来存放视频元数据在视频描述文档中的名称标签，而 Metadata Value 则用来存放视频描述文档中元数据名称相应的值。

表 3.1　视频元数据的存储表

编号（ID）
视频 ID（FID）
元数据名称（Metadata Name）
元数据值（Metadata Value）

2. 低层特征数据

视频的低层特征数据用于表示视频在某方面的特点，例如，表示形状的傅里叶描述子、表示运动的运动活力特征以及表示局部特征的 HOG 特征等。MPEG-7 标准中为颜色特征、纹理特征、形状特征、运动特征等多个低层特征定义了表示方案。这些低层特征大部分是高维数据，在检索时，两个特征值之间的相似度可以根据某种距离公式来进行计算，以此来实现相似度检索。根据前面给出的信息特征表示方案，按照 MPEG-7 Schema 映射，创建关系表。根据其方向特征，设置向量值，也就是说，关系表中的每个数据项就对应着向量中的一个值，并通过结构 ID 与视频单元建立联系，如表 3.2 所示的低层特征数据表就通过 KeyfreamID 关联起来。当一张表不能表达全部信息的特征数据时，就必须使用多张表存储该特征数据。

表 3.2　低层特征数据的存储表

编号（ID）
KetfreamID（FID）
所属对象类型（Type）
特征类型（Feature Type）
特征值（Feature Value）

3. 语义特征数据

能够对视频的语义信息进行表示的数据，称为语义特征数据。根据不同的处理方式,我们可以从这些底层的特征中获得高层的特征。在检索过程中,这些高层数据是不可缺少的一项信息,比较适合通过计算关键字的相似度完成视频的检索。高层语义特征数据在监控视频表示数据库中采用一个关系表来存储,包括了所属对象ID(FID)、所属对象类型(Type)、语义类型(Semantic Type)和语义值(Semantic Value)等属性,并通过所属对象ID与具体的视频单元相关连,其结构如表3.3所示。其中FID和Type明确了语义特征表示的对象,Semantic Type肯定了语义表示的类别,比如动作和行为,Semantic Value则表示具体的语义关键字。

表3.3　语义特征数据存储表

编号（ID）
所属对象（FID）
所属对象类型（Type）
语义类型（Semantic Type）
语义值（Semantic Value）

4. 注释数据

伴随着视频的表示文档,会产生一些与视频内容的文本描述有关的数据,这些数据就是注释数据。视频的注释数据来源一般有两种方式:一种是由视频数据录入操作者或者是数据库管理员通过手工的方式标注;另一种是利用跨媒体信息,也就是将用户的评论信息、原始视频数据周围的伴随文本等作为其注释信息。这两种方法都有其各自的缺点:在第一种方法中,手工标注可以是针对整个视频数据的,也可以是针对某一视频结构单元的,但是通过手工标注的注释数据一般都具有一定的主观色彩;在第二种方法中,跨媒体信息添加的注释数据可能与原始的视频并不相关,产生一定的误差。注释数据方便了基于关键字的搜索查询方法,然而并非全部的视频都有注释数据。按照表示对象类型的区别,将其放于自由注释中。

5. 视频结构数据

在基于语义的监控视频检索中,用户搜索查询的是视频单元,因此,需要把监控视频根据其相关性划分成不同的视频段落,这些段落是视频数据在时域或者空域上的一种分割,在这个过程中生成的数据就是视频的结构数据。划分粒度的不同能够产生视频单元的层级结构,视频单元结构的表示数据就是视频结构数据，视频的结构数据使用若干个二维表分层存储，不同的结构单元保存在不同的表中，通过该类的结构 ID 和父类的 ID(FID)进行关联，如图 3.7 所示。视频表、情节表、场景表、镜头表以及关键帧表等表示了视频的层次结构，所有表中都有一些表示结构信息的数据。在这里，Type 表示的是数据所属单元的类型，确定其对应的表是视频、情节、场景还是镜头。关于时间间隔，由于场景和情节都不要求时域上的连续性，允许其组成部分有间隔，然而由于镜头中的帧图像是流式延展的，所以镜头的一对关键属性是开始时间和结束时间，而情节和场景则能够利用其拥有的镜头来计算时间间隔。关于元数据，通过原始视频数据获取得到的信息而非人工标注的元数据都能够成为视频表的属性，比如视频的分辨率等。

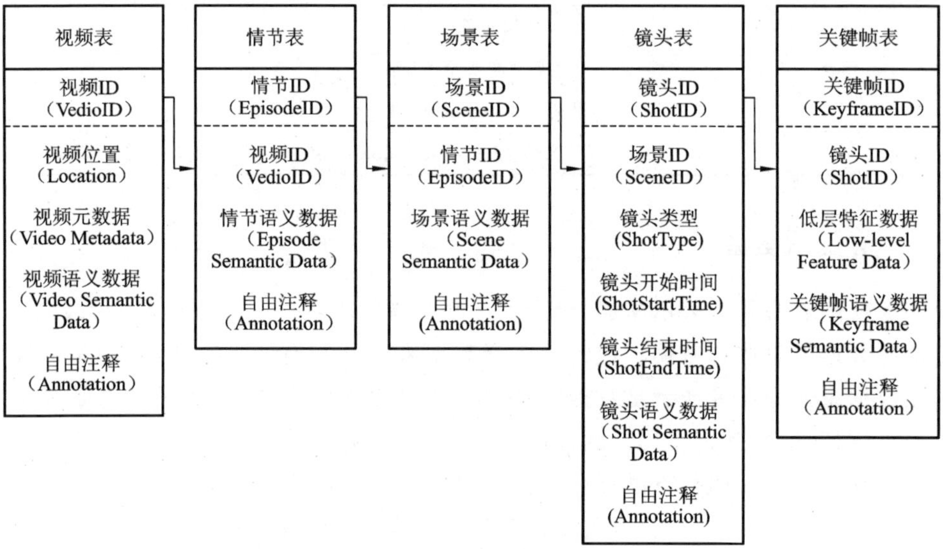

图 3.7　视频分层存储结构

3.4　R-树索引结构的动态性改进

3.4.1　R-树存在的问题

在监控视频检索中，用于相似度匹配的低层特征数据大部分是高维数据，比如用于描述纹理特征的边缘直方图是 80 维，用于描述局部特征的 sift 特征是 128 维的。本文采用向量空间索引中的 R-树索引结构[95]来实现监控视频信息特征数据的索引，并对其进行改进，以实现更好的检索性能。R-树空间索引结构具有结构清晰简明、适用范围广泛、动态性能高的特点，被广泛应用。R-树索引是 B-树在多维数据空间上的扩展，是一个层次化的、高度平衡的多层数据结构，因此 R-树继承了 B-树[96]的高度平衡性。R-树索引结构采用了最小边界矩形对树型索引结构中的数据对象和节点进行描述，最小边界矩形就是包围该节点的所有子节点的最小矩形，也成为 MBR。在 R-树索引结构[97]中，最底层的节点存放了连接监控视频的信息特征数据的变量和它的 MBR，这些数据存于监控视频数据阵（磁盘阵列），非叶子节点中存放了指向子节点的变量和子节点中的所有对象的最小边界矩形。在 R-树索引结构中，除根节点以外的全部节点拥有的子节点的数目是有限的，最多包括的数目是 M，最少包括的数目是 m，其中，$2\leqslant m\leqslant M/2$。根据 R-树空间索引的结构，每一个树节点都与磁盘文件的一页一一对应，因此，当对 R-树空间索引结构查询时，以索引中的顶点为起点，查询每一个节点的最小边界矩形与查询对象的最小边界矩形有没有交集，如果有交集就查询该节点的子节点，查询到叶子节点为止，这种查询方法只需要搜索相当少的节点，不需要遍历所有的记录，避免了频繁的读写磁盘，提高空间检索的效率。图 3.8 是 R-树空间索引结构的示例。

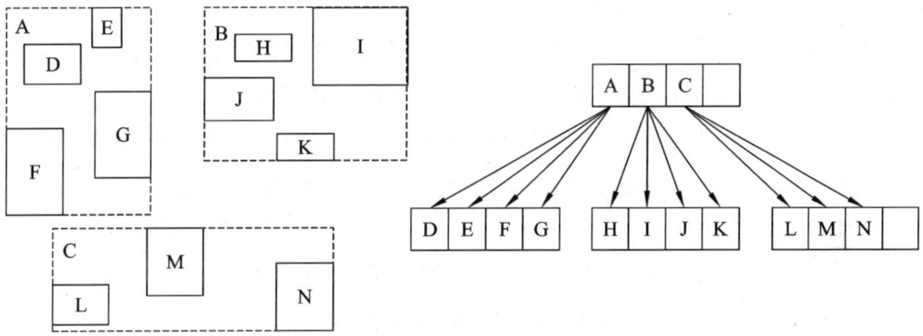

图 3.8　R-树空间索引结构示例图

R-树节点的插入操作过程如下：

步骤 1　从根节点出发寻找合适的叶子节点 leaf 插入数据记录 en。

步骤 2　如果节点 leaf 拥有足够的空间（节点 leaf 中的数据项个数小于设置的最大值 M）来放置新的记录条目，那么向节点 leaf 中添加记录 en；如果发生溢出，也就是 leaf 没有足够的空间，那么就需要把叶子节点 leaf 分成一对新的叶子节点 $leaf_1$ 和 $leaf_2$，$leaf_1$ 和 $leaf_2$ 囊括了 leaf 中的全部数据对象和记录 en。

步骤 3 如果叶子节点 leaf 分裂后使得 leaf 的父节点也发生溢出，那么也要对 leaf 的父节点进行分裂操作。

步骤 4 如果节点 leaf 的溢出上传使得 R-树索引结构的最顶层的节点也发生了溢出，则最顶层的节点也分成一对新的节点，这时需要创立新的一个节点作为 R-树索引结构的最顶层的节点，并且它的子节点是原来的顶点分成一对新的节点。

R-树节点分裂算法主要包括三种方法：穷举法、线性代价法和平方代价法。穷举法虽然准确率高，但是它的时间复杂度是指数级的 $O(2^M)$，难以使用。线性代价法耗时少，但是算法比较粗糙，准确率低，因而导致查询效率的降低。平方代价法的时间复杂度则降低到平方级的 $O(n^2)$，虽然不能保证分裂后的 MBR 面积和最小，但是与线性代价法相比，分裂后的 MBR 面积和最小。

R-树节点分裂的过程如下：

步骤 1 选择种子对：在 $M+1$ 条索引记录中选择出一对记录 L_1 和 L_2，如果 T 是囊括记录 L_1 和 L_2 的最小边界矩形，那么计算 $S=\text{Area}(T)-\text{Area}(L_1)-\text{Area}(L_2)$，挑选 S 值最大的记录对当作种子。以 L_1 和 L_2 为种子，分别建立两个新节点 N_1 和 N_2，节点 N_1 和 N_2 只包含节点 L_1 和 L_2 自身，

步骤 2 将剩余的对象添加到 N_1 和 N_2 节点：如果对象 N_i 没有在节点 N_1 和 N_2 中，那么就依次计算 N_i 添加到节点 N_1 后的 MBR 增加的面积 Area_1 和 N 添加到节点 N_2 后的 MBR 增加的面积 Area_2，找出 Area_1 和 Area_2 相差最大时对应的对象 N_j，然后将对象 N_j 添加到 N_1 或者 N_2 中，使得 N_1 或者 N_2 添加 N_j 后 MBR 增加的面积最小，

步骤 3 递归地实现过程 Step2，直到所有的数据对象都插入到节点 N_1 或者 N_2 中为止，原节点就分裂成节点 N_1 和节点 N_2。

由 R-树的性质和插入过程可以看出，一个节点包含的矩形区域允许相互重叠，因此构建一棵高效的 R-树的成功与否是由覆盖因子和交叠因子这两个重要的性能指标决定的。覆盖因子这个指标衡量了树形索引结构覆盖面积的大小，也就是测量了树形索引结构对应的数据对象集合的覆盖水平，覆盖因子这个指标则测量了树形索引中位于相同层次的兄弟节点间的交叠面积的大小，也就是度量了同一层水平结构上的多个节点的矩形区域交叠程度。覆盖因子过大会导致 R-树索引效率的降低，交叠因子无序则会导致 R-树查询路径不唯一。R-树索引结构[44]是一种平衡的树形结构，将相近的数据对象放入同一棵子树中，这种做法降低了检索匹配的频率，增加了数据对象的过滤复杂

度。然而，因为 R-树索引结构允许一个节点包含的子节点的矩形区域发生重叠，因此使得 R-树索引结构存在多路检索的情况，换句话说，当检索到节点间的重叠部分时，所有与交集部分有关的节点的子节点全部要被检索。当数据对象集的维度增加时，B-树索引结构节点间的交叠因子随之增加，查询的复杂度和时间也会随之增加，从而降低了检索效率。完美的情况是创建的 R-树索引结构具有最小的覆盖因子和交叠因子。

3.4.2　R-树节点分裂算法的改进

R-树索引结构能够实现索引的插入和删除操作，添加数据对象的效率对索引的检索效率有很大的影响，特别是在没有足够的空间添加数据对象时节点分裂算法的效率对索引的检索效率有很大的影响。除此之外，增强节点的数据利用率能够使得 R-树的结点数目减少，从而降低 R-树索引结构的层次高度，降低检索匹配的频率，增加数据对象的检索效率。通过以上对 R-树索引结构的分析可以看出改进 R-树索引结构可以通过增强索引结构中节点的数据利用率，降低 R-树索引结构的交叠因子，减少节点间的重叠面积，从而降低多路检索的情况，增强索引的检索性能。

本章提出一种改进的 R-树节点的分裂算法，通过增强索引结构中节点的数据利用率，降低节点分裂后的 MBR 的遮盖面积的总和，减小 R-树索引结构的交叠因子，以提高索引的检索效率。为了实现减少 R-树节点分裂后的最小外接矩形的覆盖面积总和的目标，本章作了下面的定义。

定义 3.6　数据对象间距离。

定义数据对象之间的距离 $\delta(x_i, x_j)$ 来对数据对象 x_i 与数据对象 x_j 之间的距离进行表示，其计算方法如公式(3.1)所示，其中，$\mathbf{R}$ 代表数据对象的集合；d 是数据对象的维度。

$$\delta(x_j, x_k) = \sqrt{\sum_{i=1}^{d}(x_{ji} - x_{ki})^2} \quad (x_j,\ x_k \in \mathbf{R}) \tag{3.1}$$

定义 3.7　数据对象集合的质心。

定义数据对象集合的质心 c_i 来对数据对象集合聚集的位置进行表示，其计算方法如公式(3.2)所示，其中，R 代表数据空间对象的集合；w_i 代表空间数据对象的子集。

$$c_i = \frac{1}{|w_i|}\sum_{x_i \in w_i} x_i, \quad (w_i \subseteq \mathbf{R}) \tag{3.2}$$

改进的 R- 树节点的分裂算法的流程图如图 3.9 所示。

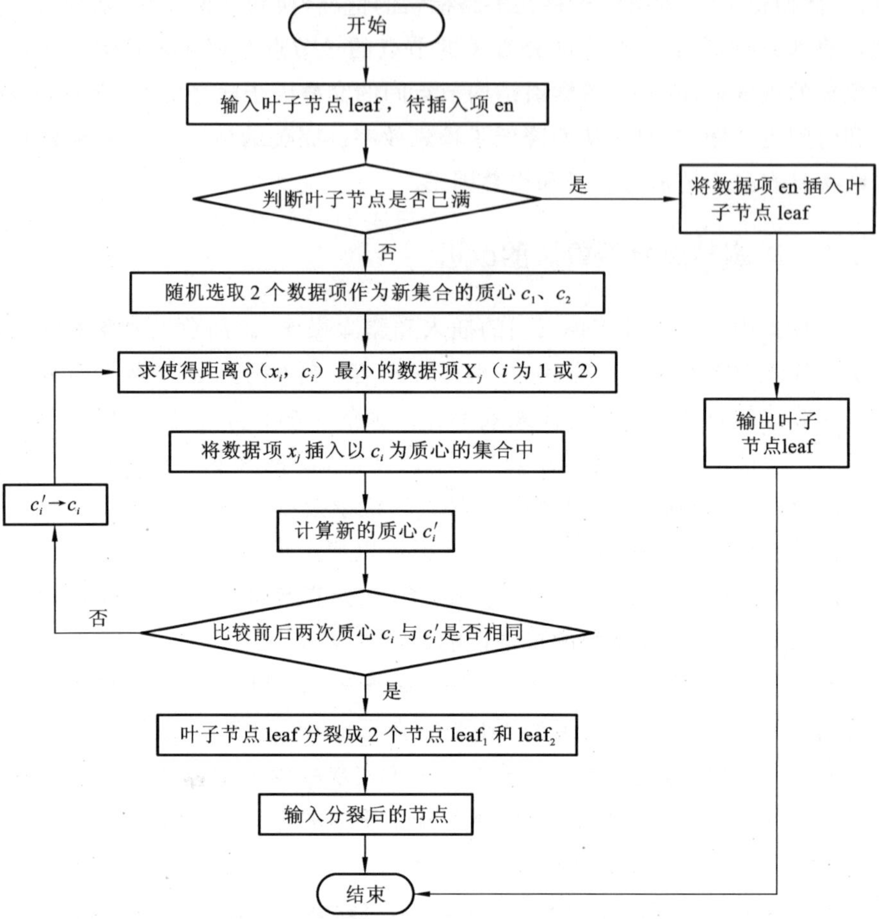

图 3.9　改进的 R- 树节点的分裂算法流程

改进的 R- 树节点的分裂算法开始时判断叶子节点 leaf 是否有足够的空间来放置新的数据记录项 en，也就是判断叶子节点 leaf 中已有的数据项个数是否小于设置的最大值 M。如果数据项的个数小于 M，那么叶子节点 leaf 未满，就把数据记录项 en 插入叶子节点 leaf 并返回。如果数据项的个数等于 M，那么叶子节点已满，就从 M 个数据项中任意选取两个数据项作为新的数据集合的质心 c_1 和 c_2。对于剩余的 M-2 个数据项求使得 $\delta(x_i, c_i)$ 最小的数据项 x_j，如果 $\delta(x_j, c_1)$ 比 $\delta(x_j, c_2)$ 小，那么将数据项 x_j 划分到以 c_1 为质心的集合中；否则将数据项 x_j 划分到以 c_2 为质心的集合中，然后重新计算扩大后的集合的

质心 c'_i，将新的质心 c'_i 与前一次计算得到的质心 c_i 进行比较。如果质心发生变化，那么就继续执行循环；如果质心没有发生变化，那么就选择 c'_1 和 c'_2 作为最终形成的集合质心。叶子节点 leaf 分裂成两个新的叶子节点 leaf_1 和 leaf_2，其中叶子节点 leaf_1 是以 c_1 为质心的集合，叶子节点 leaf_2 是以 c'_2 为质心的集合。该算法的时间复杂度为 $O(n^2)$。改进的 R- 树节点的分裂算法 NodeSplit 算法的伪码如下：

Input：叶子节点 leaf，数据对象 en

Output：子节点 leaf_1，leaf_2

Begin

if leaf. size $< M$

    leaf. Insert(en)；

    return leaf；

    else $c_1 \leftarrow$ leaf. Rand()；$c_2 \leftarrow$ leaf. Rand()；$c'_1 \leftarrow \varphi$；$c'_2 \leftarrow \varphi$；

      while $c_i \neq c_i, 1 \leqslant i \leqslant 2$ do

        if $\delta(x_j, c_i) = \min\{\delta(x_k, c_i)\}, 1 \leqslant k \leqslant M$

          c_i. Insert(x_j)；

          $w_i \leftarrow \text{leaf} - \text{leaf}_i$； $c_i \leftarrow c'_1$， $1 \leqslant i \leqslant 2$

          $c'_i \leftarrow \dfrac{1}{|w_i|}\sum\limits_{x_i \in w_i} x_i$， $1 \leqslant i \leqslant 2$；

        end if；

      end while

      return leaf_1， leaf_2；

  end if

End

3.4.3 R-树索引在外存中的读写

监控视频信息的特征数据的规模很大，如果将创建好的索引全部存放在内存中，一旦重新启动系统或者关闭应用程序后就要再次建立索引，这样会使得每次开机后都要等待很长的时间才能检索对象，所以创建好的索引文件不能全部存储于内存。对于监控视频信息的特征数据,必须在索引构建完成后将其写入磁盘文件,从而避免关机重启后重新建立索引的过程。但是这种做法会导致在检索访问对象时生成磁盘的读写消耗,磁盘读写的时间代价比内存读写的时间代价高很多。所以监控视频信息的特征数据的索引必须最大可能地减少检索对象时的磁盘的读写次数。

R-树写入索引的过程分为三个步骤,首先在内存中完成树形索引的构建,然后将索引树的信息写入磁盘文件,最后利用递归的方法将构建好的索引树的节点写入到磁盘文件中。值得注意的是,当索引实例添加到树结构中时,全部的索引实例也要写入到最底层节点为止。R-树写入索引的流程图如图3.10所示。

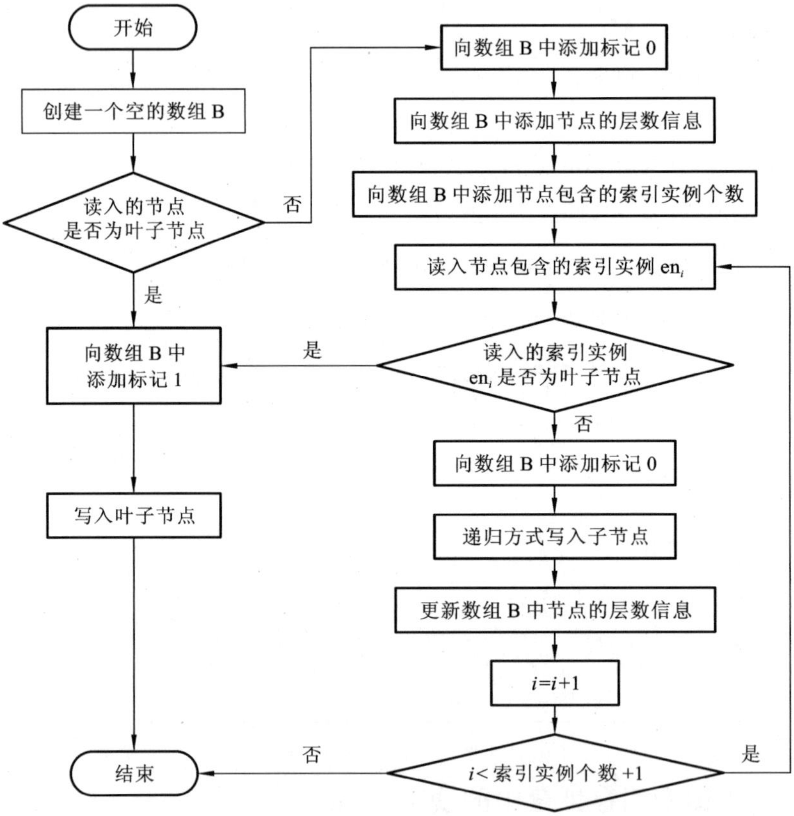

图 3.10 R-树写入索引流程

R-树索引写入磁盘文件的算法 IndexWriteToDisk 算法的伪码如下:

Input:节点 node,该节点前已有的字节数组长度 curlen
Output:直接用于写入索引文件的字节数组 B

```
Begin
    Build B;
     if node is leafNode
       Append(B,1)
     else Append(B,0)
     end if
    Append(B,node,level)
    Append(B,len(en.enteries));
    for en ∈ ens
      if en has a pointer for childNode
         Append(B,1)
         nbs=NodeWriteToByte(en.child,curnodelen);
         Append(B,curnodelen);
         curnodelen=curnodelen+len(nbs);
       else Append(B,0)
           Append(B,en.obj.ID)
       end if
     end for
     return B
    End
```

3.4.4 实验结果与分析

本章对改进的 R-树索引同传统的 R-树索引和文献[98]中改进的 R-树索引这三种索引结构进行了索引创建的时间、查询响应时间、节点的数据利用率的比较。本章的实验在一台主频 2.10 GHz 的 CPU,4 GB 内存,320 GB 硬盘操作,系统为 Windows 7 的 PC 机上运行,实验系统选用 Microsoft 的 Visual Studio 2010 作为开发工具。本文的研究基于武汉市多条隧道交通智能监控系统,测试数据来源于隧联网监控视频,选取了其中 3 万余个视频关键帧的颜色特征数据、纹理特征数据和 sift 特征数据作为测试数据集。

为了验证改进的R-树索引的性能，将本文改进的R-树同传统的R-树索引结构和文献[99]中改进的R-树进行对比，文献[45]中改进的R-树称为CR-树，本文改进的R-树称为MR-树，重点设计了以下三个实验：

实验1. 节点的数据利用率。比较改进的MR-树索引结构、CR-树索引结构和传统的R-树索引结构中节点的数据利用率。图3.11展示了三种索引中节点的数据利用率的比较结果，可以看出，在三种索引树中，改进的MR-树索引的数据利用率比CR-树索引和传统的R-树索引的数据利用率高。这是因为改进的MR-树索引减少了节点分裂后的重叠面积，增加了节点中空间数据的聚集性，从而提高了节点空间的利用率。

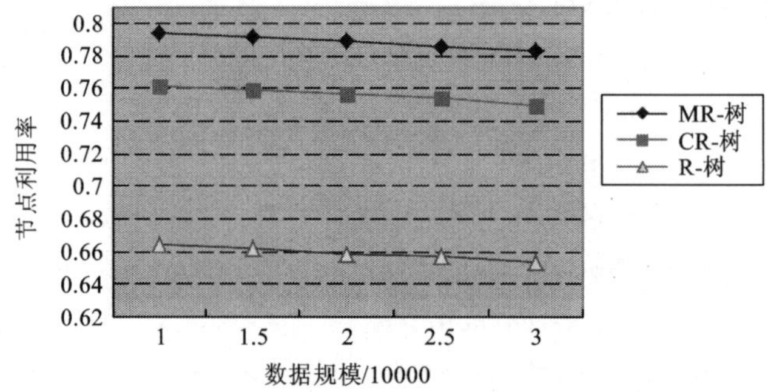

图3.11　三种索引中节点的数据利用率的比较结果

实验2. 创建效率。比较改进的MR-树索引结构、CR-树索引结构和传统的R-树索引结构的构建时间。图3.12展示了三种索引创建时间的比较结果，可以看出，在三种索引树的创建过程中，改进的MR-树消耗的时间比CR-树和传统的R-树消耗的时间多。这是由于改进的MR-树索引中节点的数据利用率得到提高，动态建立索引树的时间减少。

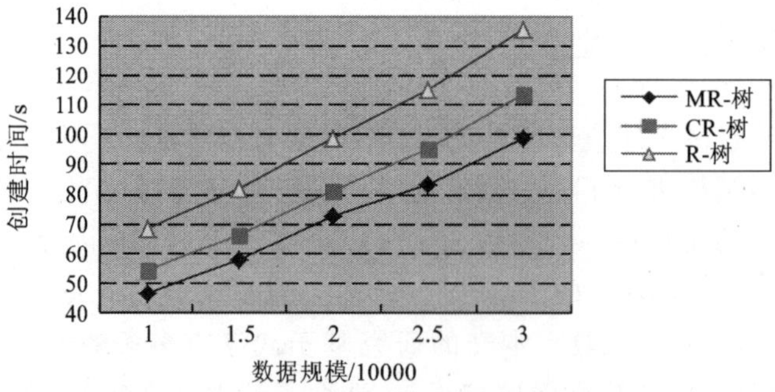

图3.12　三种索引创建时间的比较结果

实验 3. 检索效率。比较改进的 MR-树索引结构、CR-树索引结构和传统的 R-树索引结构的检索时间。图 3.13 展示了三种索引查询响应时间的比较结果，查询时间是查询 100 次所用的全部时间。可以看出，在三种索引树的查询搜索过程中，改进的 MR-树索引查询响应的时间比 CR-树索引和传统的 R-树索引查询响应短。这是由于改进的 MR-树索引减少了中间节点的个数，降低了节点间的交叠因子，减少了 R-树节点间的重叠面积，减少了多路径查询的情况，从而减少了查询响应时间，提高了查询效率。

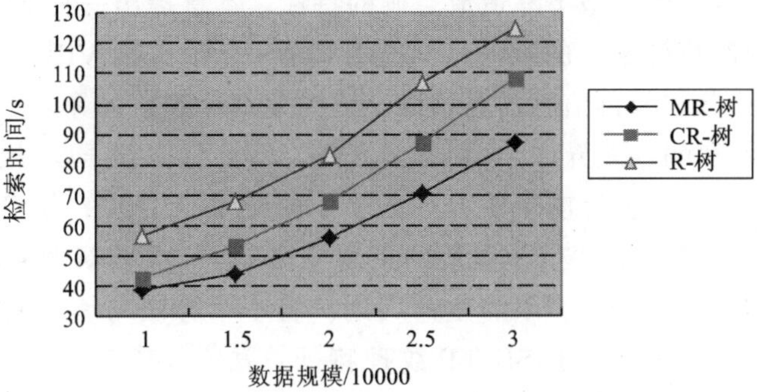

图 3.13　三种索引检索时间的比较结果

第 4 章 纹理与颜色特征融合的目标检测

传统的单特征背景模型存在不足，由于纹理特征对光照、阴影不敏感及具有尺度不变性，颜色模型不易造成空洞的特性。本章提出一种 SILTP 纹理特征和 RGB 颜色特征融合的运动目标检测算法——改进的 ViBe。在背景模型中引入纹理信息和颜色信息的置信度。首先分别计算当前像素点与背景模型的纹理差异度和颜色差异度，再用置信度融合计算总体差异度，根据总体差异度分类前景，并采用统计前景像素点 8 邻域内背景点个数的方式进行噪声判断。更新机制依然采用 ViBe 有效的更新策略，且每次更新背景模型将置信度置为初始值，以保证其有限的生命周期。将本章算法与单独基于颜色特征的 ViBe 算法[36]、单独基于 SILTP 纹理特征算法[38]，基于 ViBe 并用 SILTP 纹理特征作为辅助判断[39]比较。实验结果表明，本章算法对阴影能有效抑制，对光照突变有一定的鲁棒性，在复杂动态背景下有良好的检测结果。另外，本章提出了一种基于 Haar-like 特征压缩的识别检测算法。针对设计的外表模型进行特征提取，对所出现的特征数量急剧增多、维度过高的情况，采用压缩感知定理，利用非常稀疏的测量矩阵来对其进行降维。对选取的数据集进行测试后表明，本章中的方法在识别分类器训练上的时间开销和准确率都比传统的识别算法有更好的性能。

本章将对视频图像目标检测进行研究，在前人研究基础上，经纹理、颜色及 Haar 特征等多特征融合应用，给出了两种新的实用方法。

4.1 基于纹理和颜色置信融合的运动目标检测

针对视频运动目标检测中单特征背景模型存在的局限性，如基于颜色特征的背景模型对光照和阴影敏感、基于纹理特征的背景模型易产生空洞，提出了一种以置信度融合 RGB 颜色特征和 SILTP 纹理特征的运动目标检测方法。以像素点 SILTP 纹理信息值和 RGB 颜色信息值及它们各自的置信度构建背景模型，分别计算当前像素点与背景模型的纹理差异度和颜色差异度，通过置信度融合的方法计算当前像素与背景模型的总体差异度，以达到更好的融合效果。采用 ViBe 算法的更新策略更新背景模型，通过前景像素点 8 邻域内的背景像素点的统计方法去噪点。Wallflower 和 Data 2014 数据集上的实验结果表明，所提出的融合方法能有效抑制阴影，对光照有良好的鲁棒性，在复杂动态背景下能取得良好的效果。

4.1.1　背景建模

基于纹理特征构建的背景模型能够有效区分前景和背景，且对光照和阴影不敏感，SILTP 纹理算子通过尺度不变性进一步改善了光照变化带来的影响，在复杂动态背景下处理效果更好[17-20]。但是基于纹理特征的运动目标检测存在的问题在前景目标纹理不丰富的情况下，会出现空洞，导致检测目标不完整。然而基于颜色特征的运动目标检测在此种情况下具有良好的稳定性，基于颜色特征的 ViBe 算法计算量小速度快，对噪声鲁棒[25-26]。充分利用两者的特点构建多特征融合的背景模型能够优化原始的单特征检测方法。因此我们提出将 SILTP 纹理算子与基于 RGB 颜色特征的 ViBe 算法融合来进行运动目标检测。以 SILTP 纹理信息值与 RGB 颜色信息值及各自的置信度一起构建背景模型，采用 ViBe 的首帧初始化背景模型。

1. SILTP 纹理编码

局部二值模式 LBP 具有多尺度特性、旋转不变性及较低的复杂度，得到广泛应用。为了处理局部噪声，局部三值模式 LTP 继而被提出，该方法引入 t 的区间，当邻域值在中心值的区间时编码值为 0；当邻域值比中心值的区间大时编码值为 1，当邻域值比中心值区间小时编码为 −1。LTP 在均匀区域比 LBP 具有更强的判断力，对噪声光照变化鲁棒，但在图像的多尺度变化和局部遮挡问题处理上存在局限性。尺度不变的三值模式 SILTP 只比 LBP 多一次比较，且对复杂背景具有更好的处理效果。SILTP 算子的编码过程如图 4.1所示，圆圈部分表示被噪声影响了，第三行每个像素的灰度值为原来的两倍，SILTP 仍能在一定程度上处理此种情况。

假设图像像素点 m 的位置为 (x_m, y_m)，SILTP 编码过程如式(4.1)所示：

$$\text{SILTP}_{K,R_S}^{\tau}(x_m, y_m) = \bigoplus_{i=0}^{K-1} S_{\tau}(I_m, I_i) \tag{4.1}$$

其中：I_m 为中心像素点的灰度值；I_i 为 K 邻域中给定空间内半径为 R_S 圆形区域内的像素点的灰度值；$\bigoplus$ 为将邻域内二进制值连成字符串的运算符；τ 为变

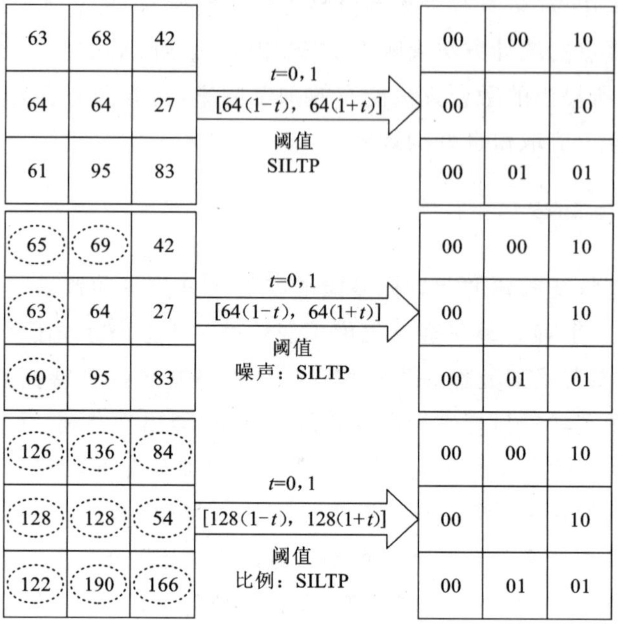

图 4.1　SILTP 算子的编码过程

化的区间范围值；$S_\tau(I_m, I_i)$为分段函数如式(4.2)所示。

$$S_\tau(I_m, I_i)=\begin{cases}01, & I_i>(1+\tau)I_m\\ 10, & I_i<(1-\tau)I_m\\ 00, & \text{其他}\end{cases} \tag{4.2}$$

本节 $\tau=0.1, R=1, N=4$。每一个像素点的 SILTP 值为 8 字节字符串。

2. ViBe 算法

ViBe 算法主要分为三个部分：像素点建模及首帧初始化背景模型、像素点分类和背景模型更新。

1）像素点建模及首帧初始化背景模型

我们假设 $v(x)$为给定颜色模式下当前像素点 x 的颜色信息值，v_i 代表索引 i 的背景样本值。根据空间一致性原则，将每一个像素点在其 8 邻域内 N 次随机抽选的 N 个样本像素作为其背景模型的样本点，如像素点 x 的背景模型为

$$M(x)=\{v_1, v_2, v_3, \cdots, v_N\} \tag{4.3}$$

假设时间 $t=0$ 的索引为第一帧图像，$N_8(x)$代表像素点 x 的 8 邻域像素集合，那么

$$M^0(x)=\{v^0(y \mid y\in N_8(x))\} \tag{4.4}$$

其中，$M^0(x)$代表初始化背景模型；y 代表 x 的 8 邻域内像素点；$v^0(y)$代表初始化的样本像素信息值。

2）像素点分类

通过上述背景模型 $M(x)$来分类一个新的像素，需要定义一个以 $v(x)$为球心 R_V 为半径的球 $S_V(v(x))$，并以此球为基准比较该像素点与样本集合最近的距离。

$$\#\{S_{R_V}(v(x))\cap\{v_1,v_2,v_3,\cdots,v_N\}\}\geqslant \#\min \tag{4.5}$$

式(4.5)表示若上述球体包含背景模型 $M(x)$中的像素点的个数大于设定阈值 #min，像素 x 分类为背景，反之分类为前景。

3）背景模型更新

ViBe 采用了保守模型更新机制，只有被分类为背景的像素值才会被更新进背景模型，前景像素永远不会用来填充背景模型。并根据统一规则采用无记忆更新策略，从每个点的 8 邻域中随机选取一个样本，替代原有背景模型中随机选取的一个样本，这样保证了样本在背景模型中存在寿命的平滑指数衰减。通过二次重采样，ViBe 能用有限的样本达到比较好的效果。此外，采用空间传输机制来插入背景像素，使背景的判断具有完整性，并且减弱了噪声。

3. 背景模型的表示及初始化

为了更好地将 SILTP 纹理信息与 RGB 颜色信息融合，以提高检测精度，引入置信度信息来构建背景模型，并对置信度进行更新以达到更好的融合效果。一帧图像的每个像素点对应一个背景模型。每个像素的背景模型都包含其背景样本点 SILTP 纹理信息的集合、纹理信息的置信度、背景样本点 RGB 颜色信息的集合、颜色信息置信度 4 类信息。

给定像素点 x，其背景模型的数学表达式见式(4.6)。

$$\begin{aligned}\mathrm{BM}(x)&=\{\mathrm{SM}(x),\mathrm{VM}(x),\mu_s,\mu_v\}\\&=\{\{s_1,s_2,s_3,\cdots,s_N\},\{v_1,v_2,v_3,\cdots,v_N\},\mu_s,\mu_v\}\end{aligned} \tag{4.6}$$

其中：SM(x)表示像素点 x 的背景模型中样本点的 SILTP 纹理信息值集合；$s_i(i=1,2,\cdots,N)$为 SM(x)中元素表示第 i 个样本点的 SILTP 纹理信息值；VM(x)表示像素点 x 的背景模型中样本点的 RGB 颜色信息值的集合，$v_i(i=$

1,2,…,N)为 VM(x)中元素表示第 i 像素点的 RGB 颜色信息值;μ_s 和 μ_v 分别代表纹理信息的置信度与颜色信息的置信度,初始值为 0,1,其值越大代表其对应的特征在描述该样本点时所起的作用越大。

采用 ViBe 的首帧快速初始化上述背景模型,即在像素点 x 的 8 邻域内做 N 次随机抽选,获取它们的纹理信息值和颜色信息值,从而得到 N 个样本点,并设置纹理置信度和颜色置信度的初始值。N 的选取采用自适应阈值取为 $\sigma_m/2$,范围在[20,40],其中 σ_m 是背景模型中样本计算的标准差。

由于传统算法中基于纹理特征或颜色特征的背景模型表述形式仅仅以 SM(x)或 VM(x)作为模型的输入,即采用单个特征的输入形式,在复杂场景下不具有良好的鲁棒性和精准性。已有的多特征融合算法能够在一定程度上改善效果,但它们通常是将一个特征作为主要检测方法,另一个特征的引入是作为噪点判断和去除的辅助。本章首先在背景模型表述形式上,以两种特征的集合以及各自的置信度表达形式作为输入,将像素点的纹理特征和颜色特征同时一次提取作为背景模型分析因素,有助于提高算法对光照、阴影的鲁棒性,并在一定程度上能够提升目标检测的精确性。此外,纹理特征 SILTP 通过尺度不变进一步改善了光照变化带来的影响,更好地改善复杂动态背景如晃动的树叶造成的误判。置信度的引入有助于两种特征的融合,置信度代表所属成分所起的作用多大,通过置信度的更新,能够适应两种特征的最佳融合,从而提高检测精度。

4.1.2 运动目标检测

运动目标检测其实就是像素点分类的过程,为了确定当前像素点是属于背景还是前景,需要计算当前像素点与背景模型的总体差异度。

本章分别计算当前像素点与背景模型的 SILTP 纹理差异度和 GRB 颜色差异度。并引入最大最小置信水平,若纹理差异度(颜色差异度)小于阈值,则以最大置信水平更新置信度;反之以最小置信水平更新置信度。最后以置信度融合的方式计算总体差异度。算法流程如图 4.2 所示。

现给定新的像素点 x 特征表示为 Current$P(x)=(s(x),v(x))$,$s(x)$为新给定像素点的 SILTP 纹理信息值,$v(x)$为 RGB 颜色信息值。则当前像素点与背景模型的总体差异度见公式(4.7)所示。

$$D(x)=\frac{d_s(x)}{\mu_s}+\frac{d_v(x)}{\mu_v}\leqslant \mathrm{Th} \tag{4.7}$$

其中:$d_s(x)$为当前像素点与背景模型的 SILTP 纹理差异度;$d_v(x)$为当前像

素点与背景模型的 RGB 颜色差异度；μ_s 为纹理信息置信度；μ_v 为颜色信息置信度；$D(x)$ 为当前像素点与背景模型的总体差异度。当总体差异度小于阈值 Th，则将当前像素点分类为背景，反之为前景，从而达到运动目标检测的目的。

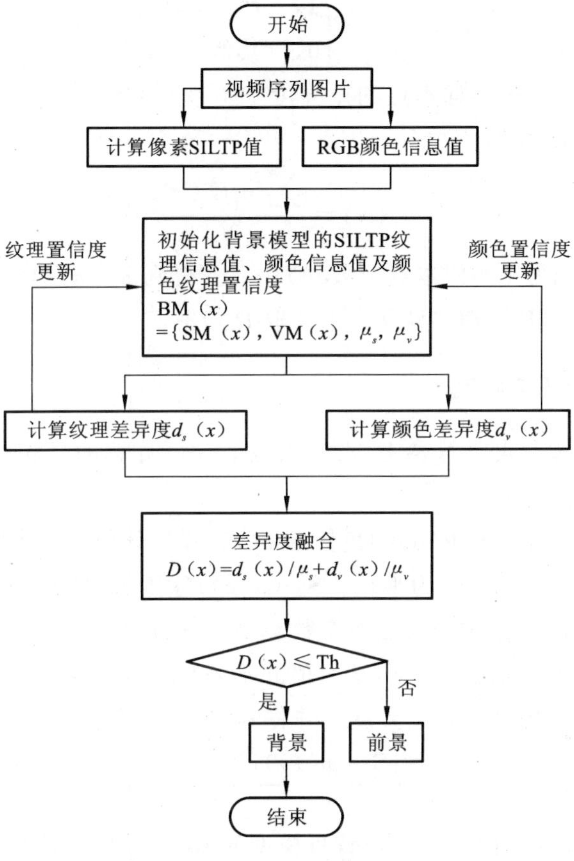

图 4.2　算法流程

1. SILTP 纹理差异度计算

对于当前像素 x 与背景模型的 SILTP 纹理差异度的计算方式参考文献[29]的方法，文献[29]计算的是相似度，本书选择的是计算归一化差异度。像素点 x 的 SILTP 值 $s(x)$ 与模型中样本点 SILTP 值集合 $\mathrm{SM}(x)=\{s_1, s_2, s_3, \cdots, s_N\}$ 的匹配度为 $P(x)$：

$$P(x)=\{P_1(x), P_2(x), P_3(x), \cdots, P_N(x)\} \tag{4.8}$$

$$P_i(x)=s(x)\oplus s_i \tag{4.9}$$

其中：$P_i(x)(i=1,2,\cdots,N)$为像素 x 与背景模型中单个样本的差异度，其值为 x 的 SILTP 值 $s(x)$二进制字符串（如 $s(x)=0100100001011000$）与样本点 SILTP 值 s_i 对应位异或结果为 1 的位个数。

$$C_i(x)=\begin{cases}1, & P_i(x)>R_s\\0, & \text{其他}\end{cases} \tag{4.10}$$

若当前像素与单个样本点的差异度 $P_i(x)$大于阈值 R_s 则给该样本点标记为 1，反之标记为 0。

$$d_s(x)=\frac{\sum_{i=1}^{N}C_i(x)}{N} \tag{4.11}$$

统计被标记为 1 的样本点个数并归一化，得到 $d_s(x)$ 即为当前像素 x 与背景模型的 SILTP 纹理差异度。本章取 $R_s=3$。

2. RGB 颜色差异度

RGB 颜色差异度计算参考 ViBe 算法，ViBe 计算的是相似度，这里计算归一化差异度。

对于当前像素 x 的 RGB 颜色信息 $v(x)$，设定阈值 R_v，计算在 RGB 颜色空间内以 $v(x)$为球心；R_v 为半径。$S_{R_v}(v(x))$球体所包含的背景模型样本点颜色信息集合 $VM(x)$中像素点的个数 $\#\{S_{R_v}(v(x))\cap\{v_1,v_2,v_3,\cdots,v_N\}\}$。

由于这里考虑的是差异度，这个值并不满足要求且这个基数在$[1,N]$内，所以取 N 与其差值来度量差异度。并将其归一化，数学表达式见式(4.12)：

$$d_v(x)=1-\frac{\#\{S_{R_v}(v(x))\cap\{v_1,v_2,v_3,\cdots,v_N\}\}}{N} \tag{4.12}$$

把 $d_v(x)$视为当前像素 x 与背景模型的 RGB 颜色差异度，取 $R_v=20$。

3. 置信度更新及前景检测

设 $\delta_{\max}=0.6$ 为最大置信水平，$\delta_{\min}=0.1$ 为最小置信水平，$\alpha=0.005$ 为学习因子。

通过上述计算的当前像素 x 与背景模型的 SILTP 纹理差异度 $d_s(x)$和 RGB 颜色差异度 $d_v(x)$，以及阈值来决定使用最大置信水平还是最小置信水平来更新置信度。设置纹理差异度阈值 T_s、颜色差异度阈值 T_v。

1) SILTP 纹理信息置信度更新

若 $d_s(x)\leqslant T_s$，则表明当前像素点与背景模型的纹理差异度较小，相似度较大，则以最大置信水平更新 SILTP 纹理置信度 μ_s，更新公式如下：

$$\mu_s = (1-\alpha)\mu_s + \alpha\delta_{\max} \tag{4.13}$$

反之以最小置信水平更新：

$$\mu_s = (1-\alpha)\mu_s + \alpha\delta_{\min} \tag{4.14}$$

2) RGB 颜色信息置信度更新

若 $d_v(x) \leqslant T_v$，则表明当前像素点与背景模型的颜色差异度较小，相似度较大，则以最大置信水平更新 SILTP 纹理置信度 μ_v，更新公式如下：

$$\mu_v = (1-\alpha)\mu_v + \alpha\delta_{\max} \tag{4.15}$$

反之以最小置信水平更新：

$$\mu_v = (1-\alpha)\mu_v + \alpha\delta_{\min} \tag{4.16}$$

最后利用置信度计算总体差异度，若总体差异度满足式(4.7)，则将当前像素点分类为背景，反之将其分类为前景。

本章充分利用两种特征在不同场景下的优势，从模型到差异度计算等多个方面加以优化。置信度的引入，进一步改善了两种特征的融合方式。其中，每个特征的置信度会根据单特征差异度的计算来实时更新，其后计算总体差异度，更新和反馈的过程增加了模型的适应性，对检测精度的提升具有可行性。

4.1.3　噪点去除

通常噪点分布散乱不成块，因此，判断该像素点是否为噪点可以通过统计前景目标区域的像素点 p 的 8 邻域内背景像素点的个数 BPoint(p)。给定数学表达式参见式(4.17)。

$$\text{BPoint}(p) = \#\{y \mid y \in N_8(p) \cap \{\frac{d_s(y)}{\mu_s} + \frac{d_v(y)}{\mu_v} \leqslant \text{Th}\}\} > T \tag{4.17}$$

其中：p 表示已被分类为前景的像素点；$N_8(p)$ 表示 p 的 8 邻域内的像素集合；$d_s(y)/\mu_s + d_v(y)/\mu_v \leqslant \text{Th}$ 表示 y 为背景像素点。若 BPoint(p)大于阈值 T，则判断 p 为噪点。其具体过程如图 4.3 所示。

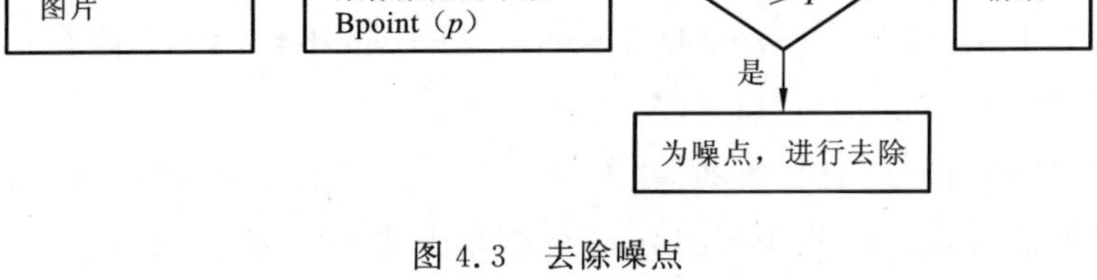

图 4.3　去除噪点

加入去噪处理之后更进一步优化检测效果，可以使提取的前景目标更加精确。

4.1.4 模型更新

模型更新对于背景建模至关重要，随着时间的推移，背景会产生变化，如光照变化、摇动的树叶。如果背景模型不能实时更新将会导致大量的误检或漏检。同时为了满足视频处理的实时性，背景模型必须实时更新。

ViBe 算法的更新策略为保守更新策略，可以同时扩展空间信息以至于能够将被前景目标遮挡的背景像素也更新进背景模型中来。此策略可以互补，当运动目标消失后，其原来遮挡的部分用其邻域像素来填充。其无记忆更新策略，对于判断为背景的点，按照更新频率 φ 在 N 个背景样本像素点中随机选取一个像素点进行更新，可以保证背景模型中的像素样本拥有有限的生命周期。通过随机的时间重采样扩展被遮挡的像素背景，在 8 邻域随机选取像素点，按 $1/\varphi$ 的概率替换模型随机选取的样本点。数学上如果采样值 t_0 时刻在模型中，t_1 时刻也在模型中的概率为$(N-1/N)^{t_1-t_0}$。因而能够利用有限的像素点达到较好的更新效果。

本章借鉴 ViBe 的更新机制来完成模型的更新。本章的背景模型融合了纹理置信度和颜色置信度来描述所属成分在差异度计算中所起的作用，每更新一次背景模型后就将置信度重置为初始值，当更新完的背景模型用于下次的前景检测时再以前述方法开始更新，这样保证置信度拥有有限的生命周期以防止置信度无限增大或者无限减小。

4.1.5 实验结果与分析

1. 实验环境和测试集

为了验证融合模型在运动目标检测中的可行性，本章在 Wallflower 数据集和 Data2014 数据集上进行实验测试。实验环境采用英特尔至强 E5-2603 CPU，戴尔 PowerEdge T620 Main Server Chassis 平台，4 GB 内存。开发平台采用配置有 opencv2.4.11 的 VS2013。

本书选取 Data2014 数据集上复杂动态背景中的树叶抖动（water ripple)、阴影(shadow)和 Wallflower 数据集上光照突变(light of switch)、自举(bootstrapping)4 个场景的实验结果进行分析对比。复杂动态背景包含树叶抖动,带有闪烁的效果,伴随着光照变化和纹理改变,此时一个像素点位置可能带有多个像素特征值,即背景具有多峰性。已有的背景建模算法在一定程度上解决了上述问题,然而,对于闪烁引起的亮度改变情况,本书选用对复杂动态背景有更好处理效果的尺度不变的三值模式,SILTP 纹理算子对区域范围内噪声具有更好的鲁棒性,对闪烁造成的光照变化具有更强的鲁棒性,即使光线突然从暗到亮,SILTP 特征也是不变的,可以改善其造成的误判。对于有阴影的场景,由于阴影是运动目标的影子将跟随运动目标一起移动,常常会被误检为前景目标,阴影颜色特征分布均匀,但纹理不丰富,所以基于颜色特征的方法常会误检,但纹理特征对其有较好的鲁棒性。本章选用的 SILTP 纹理算子当有弱阴影覆盖背景时可以很好地识别,从而很大程度上改善了阴影带来的影响。较多背景差分法无法解决光照突然变化引起的问题。当光照变化时只有更新速度足够快才能适应这种全局快速的改变,但如果更新速度过快对缓慢移动的运动目标的检测会造成更大的影响。本章算法采用 ViBe 的更新策略,更新速度很快,加之所选 SILTP 纹理算子本来对光照变化具有很强地鲁棒性,因而可以改善光照突变带来的影响。实际应用场景不可能都是满足以上单一特性的理想情况,自举场景即随机选取的一个实际场景,可能包含多种干扰因子,这些干扰因子会对已有的方法带来一定的影响,如对于基于纹理单特征的目标检测方法,在前景纹理不丰富的情况下会产生空洞,而本章背景模型也融合了 RGB 颜色特征,即使纹理不丰富的前景颜色特征依然具有很好的检测效果。通过调整置信度控制两种特征在总体差异度计算中所起的作用,从而更好地发挥两种特征的优势互补两者的不足。

本章的对比模型分别为单独基于 RGB 颜色模型的 ViBe 算法、单独基于 SILTP 背景模型的文献[29]算法、基于 ViBe 以 SILTP 作辅助判断的文献[30]算法,以及本章中的融合算法 SV。实验过程调用了形态学膨胀腐蚀等操作进行了后处理。本章融合算法模型的参数值分别为 $T=5$, $T_s=0.1$, $T_v=0.08$, Th=2。对比结果如图 4.4 和图 4.5 所示。

2. 实验结果分析

1) 定性分析

经过在不同场景下的不同模型的实验,本章从以下 4 个场景进行结果对

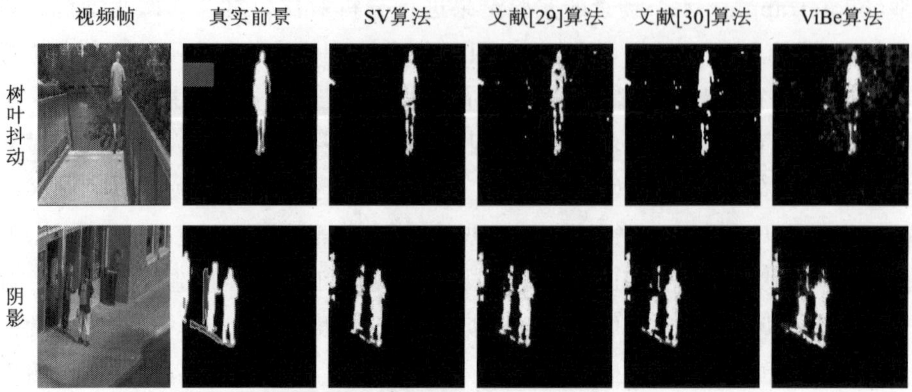

图 4.4　在 Data2014 数据集中树叶抖动和阴影场景下的实验结果

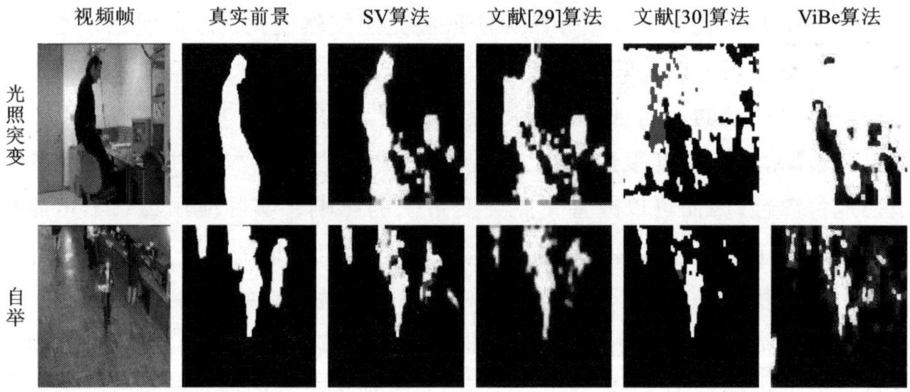

图 4.5　在 Wallflower 数据集中光照突变和自举场景下的实验结果

比分析。

(1) 复杂动态背景。从图 4.4 的复杂动态背景“树叶抖动”场景下的不同算法的结果对比图中可以看出，文献[29]单独利用 SILTP 纹理建模，对复杂动态背景有很好的抑制。由于单独采用纹理特征，前景目标纹理不丰富的地方产生了明显的空洞。文献[30]虽然使用了颜色模型和纹理模型，其 SILTP 值由正态模型自动生成，视频帧图片的 SILTP 纹理特征不一定都是符合正态分布的，其只是简单分类考虑没有完全体现纹理模型的优势，其效果与原 ViBe 相差不大。本章用 SILTP 纹理置信度和颜色置信度计算总体差异度能更好地将两者融合，加入去噪机制和自适应阈值能有效抑制复杂动态背景的效果。

(2) 阴影。从图 4.4 的“阴影”场景下的不同算法的结果对比图中可以看出,文献[29]单独采用纹理特征建模对阴影有较好的鲁棒性。文献[30]只考虑颜色模型判断前景,纹理模型判断背景的像素点可能为阴影,但此时可能为空洞,也可能为复杂动态背景下误判的像素点,因此其效果一般。本章算法充分利用了颜色和纹理的特征,使两者得到很好的互补,对阴影的抑制与文献[29]效果差不多,但两种特征置信度的融合使得提取的目标更加完整。

(3) 光照突变。从图 4.5 的“光照突变”场景下的不同算法的结果对比中可以看出,光照突然改变时,引起局部颜色特征值的改变,单独基于颜色特征的模型如 ViBe 模型由于颜色值的改变不能很好地适应这种变化,产生大面积误判。文献[29]采用的 SILTP 纹理特征具有多尺度不变性,对光照突变具有很好的鲁棒性。文献[30]效果明显不太理想。本章算法融合了颜色特征和 SILTP 纹理特征,所以效果比文献[29]更优。

(4) 自举。图 4.5 中的第二行为自举环境下的不同算法的结果对比图,自举场景存在阴影,当遇到阴影和“光照突变”的场景时,纹理差异度会比较小,颜色差异度比较大,由于纹理差异度权值大于颜色差异度权值,总体差异度仍然小于阈值,判断为背景;当遇到前景纹理不丰富时,纹理差异度比较小,颜色差异度比较大。本章采用置信度融合计算总体差异度的方法将两者更好地融合,较单独考虑纹理模型时更好,不易造成误判,总体效果较好。

2) 定量分析

前景检测问题其实就是一个二类分类问题,二类分类问题中应用非常广泛的评价指标为召回率 $\text{recall}=\dfrac{\text{TP}}{\text{FN}+\text{TP}}$ 和精确度 $\text{precision}=\dfrac{\text{TP}}{\text{FP}+\text{TP}}$。为了更全面地评估算法性能,本章采用两者的调和平均值 F_1 和相似性 similarity 来评估。

$$F_1=\frac{2*\text{recall}*\text{precision}}{\text{recall}+\text{precision}}=\frac{2\text{TP}}{2\text{TP}+\text{FP}+\text{FN}} \tag{4.18}$$

$$\text{similarity}=\frac{\text{TP}}{\text{TP}+\text{FN}+\text{FP}} \tag{4.19}$$

其中:TP(true positive,真正)表示被判断为正的正样本,在本章表示被正确分类的前景像素点的个数;TN(true negative,真负)表示被判断为负的负样本,在本章表示被正确分类的背景像素点个数;FP(false positive,假正)表示被判断为正的负样本,在本章表示被误判为前景的背景像素点个数;FN(false negative,假负)表示被判断为负的正样本,在本章表示被误判为背景的前景像素点个数。F_1 和 similarity 在[0,1]取值,数值越大,准确度越高。比较各类算法结果如图 4.6、图 4.7 所示。

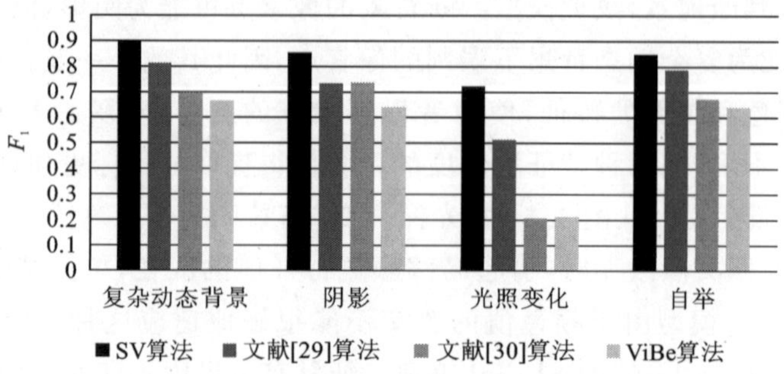

图 4.6　各类算法对应场景的 F_1 值

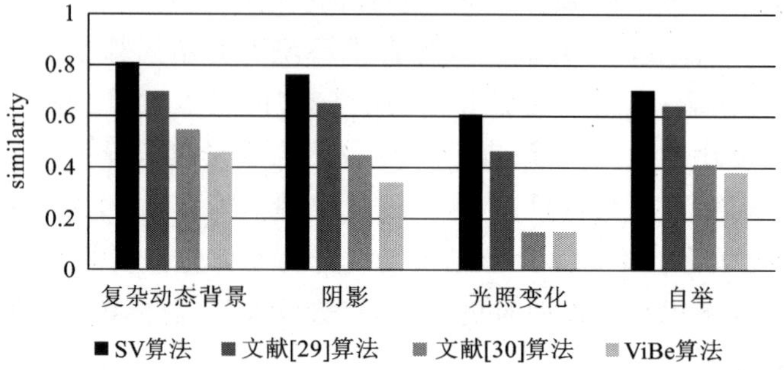

图 4.7　各类算法对应场景的 similarity 值

4.2　基于 Haar-like 特征压缩的目标检测

传统的 Haar-like 特征提取算法基于积分图的思想，利用不同特征模块提取图像特征，其存在所提取特征数量级数大、有一定冗余信息、对目标信息表达不充分等问题。针对这些问题，本节采用改进后的外表模型提取图像特征信息，采用压缩采样定理对其高维度的特征信息进行压缩，并运用 AdaBoost 分类器训练方法，利用构造好的分类器对压缩后形成的特征空间进行分类识别。实验结果表明，针对所提取特征值进行压缩后减少了分类器所需的训练时间，识别性能也优于原始方法。

在模式识别领域，机器学习的方法具有很好的识别性能，并易于操作和实现，因此被大范围应用在智能交通、对象检测等领域，现有的大部分研究中主要是针对对象目标和非目标的检测。本章的目标检测主要是针对车辆识别进行的，不失一般性，本章方法也可用于其他运动目标检测。文献[100]和文献[101]分别介绍了基于主成份分析(principal componant analysis，PCA)进行特征提取并实现车辆识别和灰度特征提取的 ASM(active shape model)改进算法。在文献[102]中，利用截断小波系数特征结合支持向量机(support vector machines，SVM)来进行车辆识别。文献[103]和文献[104]提出了一种多尺度 Gabor 滤波器组使得所提取特征有更强的稳定性和尺度不变性。文献[105]和文献[106]基于类 Haar 特征和级联分类器 AdaBoost 分类器进行行人检测和防震锤检测的应用。以上算法在目标识别中都有较好的识别检测性能，但是在某些方面依然存在一些不足之处：①采用 SVM 或神经网络作为分类器进行训练识别，存在特征提取过程繁杂、消耗大量时间等问题，其识别性能还可进一步提高；②针对 AdaBoost 分类器，将其应用在实时追踪等需要较好实时性的情况下有很好的效果，虽有较高的识别率但需要大量的正负样本训练，分类器训练过程消耗过大。由于 Haar-like 特征结合 AdaBoost 分类器在人脸识别中取得了较好的效果[107]，本章提出了一种基于 Haar-like 特征压缩的车辆识别算法。其算法过程如图 4.8 所示。

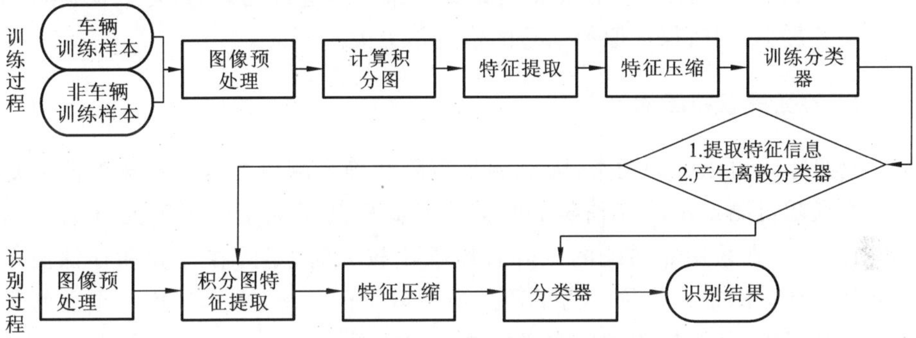

图 4.8　特征压缩算法过程

在本章的方法中，通过应用新的外表模型对特征提取方法进行改进，并采用压缩感知理论对所产生的高维特征空间进行压缩。这里将算法应用在车辆识别中，选取武汉市八一路监控项目中的数据集作为测试数据集。

4.2.1　Haar 特征提取算法及改进

首先简单介绍压缩感知理论[108]。压缩感知理论指出针对信号的稀疏特性，采用稀疏矩阵对信号进行离散采样提取，然后再采用非线性重建算法对信号进行重构。在本章中，所提取的 Haar-like 特征数量巨大，多数特征不具有目标信息的特征情况，可以选取一个测量矩阵满足其稀疏特性且与所提取的Haar-like特征所在的稀疏空间不相关，以此来去除提取后的Haar-like特征中的冗余信息。

压缩感知的实际过程如图4.9所示，选取测量矩阵 $\boldsymbol{A}$ 对信号 $\boldsymbol{X}$ 进行压缩，得到压缩后的信号 $\boldsymbol{Y}$。详细的过程为：设 $\boldsymbol{X}$ 为提取Haar-like特征后的特征空间，$\boldsymbol{A}$ 为一个 M 行 N 列的稀疏矩阵。$\boldsymbol{Y}=\boldsymbol{A}\times\boldsymbol{X}$，其中称 $\boldsymbol{Y}$ 为测量信号。

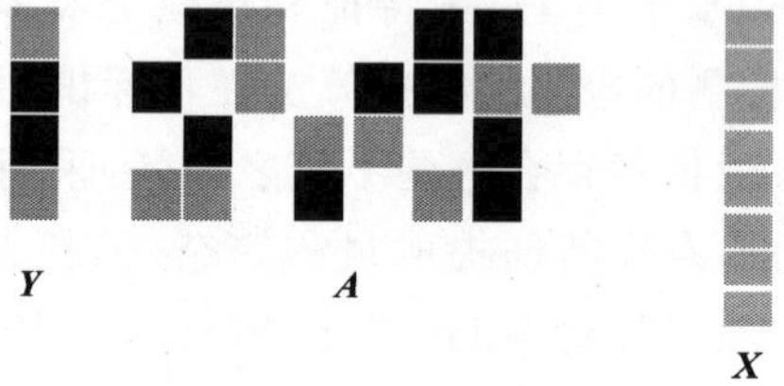

图4.9 压缩感知过程

因所提取的Haar-like特征数量巨大，有一定的冗余信息，在特征数量少量缺失的情况下，其特征空间可以用少量编码来表示。所以使用满足Johnson Lindenstrauss[109]准则的稀疏矩阵来对其进行测量时，可以使得重构 $\boldsymbol{X}$ 的误差最小，同时保证原始信号的信息不丢失。

1. 特征提取和压缩

测量矩阵可以分为两类：随机测量矩阵和确定测量矩阵。常规的测量矩阵有高斯随机测量矩阵和伯努利矩阵。其高斯随机测量的矩阵元素 $r_{ij}\in N(0\sim1)$[110]。在采用非稀疏的矩阵且级数比较大时，矩阵在计算和存储两个方面都需要付出很大代价。为了避免出现以上的情况，本章采用一个非常稀疏的测量矩阵，其矩阵中各项定义如式(4.20)所示。

$$r_{ij}=\frac{1}{\sqrt{s}}\times\begin{cases}1, & p=\dfrac{1}{2s}\\ 0, & p=1-\dfrac{1}{s}\\ -1, & p=\dfrac{1}{2s}\end{cases} \tag{4.20}$$

特征提取过程中，所提取特征对目标描述的重要性会直接影响其识别的准确率。在其测量矩阵中0元素占绝大多数，在应用测量矩阵进行计算时能有效地简化运算，并对算法的性能有所提升。Haar特征可看作不同矩形框像素和的集合，原始Haar特征提取算法采用黑色和白色矩形框形成不同的特征提取模板，得到的特征值为不同矩形框中像素和的差值[111]，Haar-like 特征是在其基础上的扩展。

传统的特征提取算法利用其压缩域来构成提取特征的外表模型，在计算特征值的过程中，仅计算不同矩形框像素和的差值。最终形成的特征空间中的特征向量维度很高，会对算法的性能产生影响。本章中采用压缩感知理论，选取适合的测量矩阵对所形成的高纬度特征空间进行降维。降维过程如图 4.10 所示。

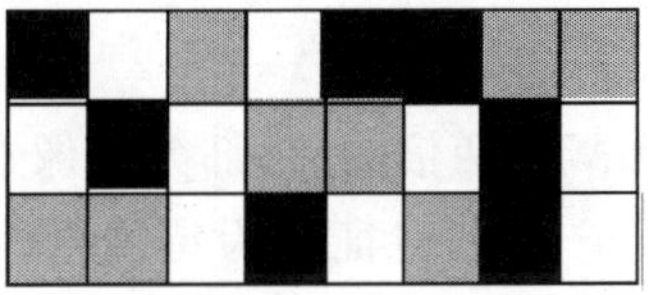

R

$$\times \begin{bmatrix} x_1 \\ x_2 \\ \vdots \\ x_m \end{bmatrix} = \begin{bmatrix} v_1 \\ v_2 \\ \vdots \\ v_m \end{bmatrix}$$

图 4.10　特征压缩

$\boldsymbol{R}$ 为一个 N 列 M 行的测量矩阵，M 为不同矩形框产生不同特征的总数，$(x_1, x_2, x_3, \cdots, x_m)^{\mathrm{T}}$ 为初始的高维特征空间，将稀疏测量矩阵与原始的高维的特征空间相乘得到低维的特征空间 $\boldsymbol{v}=\{v_1, v_2, v_3, \cdots, v_n\}^{\mathrm{T}}$。

2. Haar 特征提取算法改进

外表模型的选取方式会直接影响所提取特征的数量和质量。传统的 Haar-like 特征提取过程是在样本图样中随机选定不同的特征矩形框，这种做法保证了特征矩形框在样本区域的随机性，但因是在整个样本图样中选取矩形框，可能会出现所选取的特征矩形框不能完全的表达需要识别目标的特性。本章采用一种针对整个图像的外表模型，大幅度增大图像中矩形框选取的范围，以此来重新构建特征空间，对其进行分类识别。具体算法如下：将样本图像划分为不同的部分，再针对不同部分进行特征矩形框的选取。如图 4.11 所示，灰色部分为所选定部分。通过对图像样本的分割选取，可以保证其充分提取图像中的各部分信息，同时使得矩形框的选取也有一定随机性。这里需要注意的是，在图像中选定灰色部分时，需要保证所选定区域有共同的区域，以此来保证在矩形框的选取时不会因为随机选取而导致特征表达局部化。

针对所选取的灰色区域，在其中随机规划类似 Haar-like 特征提取时采用的选取像素和的特征矩形框，如图 4.11 所示的黑色区域。这里黑色矩形框不可超出所选定的灰色区域。然后采取类似 Haar-like 特征提取算法的计算方式，将图 4.11 中(2)和(3)部分看作黑色矩形框，(1)部分看作白色矩形框。计

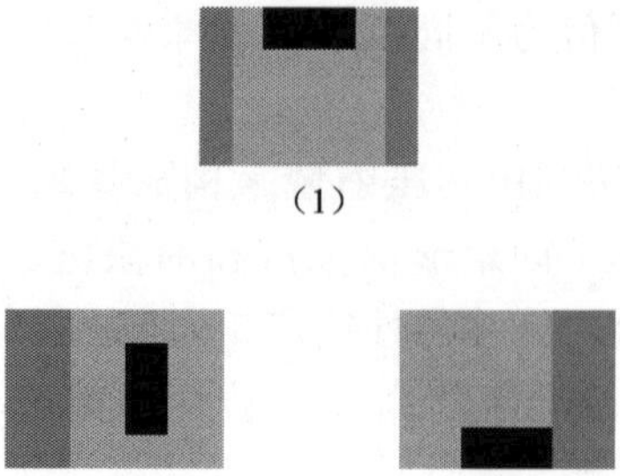

(1)

(2) (3)

图 4.11 图像区域划分

算其不同区域:(2)、(3)部分像素和减去两倍的(1)部分的像素和,形成改进后的表面模型所产生的特征。最后将产生的特征作为特征空间中的一维向量。即 $\boldsymbol{F}=\boldsymbol{f}_3+\boldsymbol{f}_2-2\boldsymbol{f}_1$,最终形成的特征空间为 FeatureSpace$=\{\boldsymbol{F}_1,\boldsymbol{F}_2,\boldsymbol{F}_3,\cdots,\boldsymbol{F}_m\}$。所产生的特征空间的级数大、维度高,将其应用在对象识别中会产生维度灾难。这里应用前面所提到的压缩感知理论,选取合适的稀疏测量矩阵对其进行降维处理,依据压缩感知定理性质依然可以保留其图像中绝大部分特征信息。

在如图 4.11 所示的稀疏测量矩阵中,黑、灰、白三种颜色矩阵框分别对应 −1,+1,0 三种不同的特征系数。特征压缩过程如图 4.12 所示。

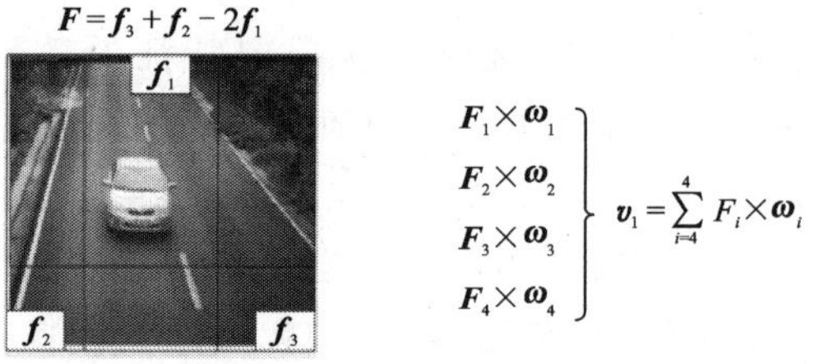

图 4.12 特征压缩过程

从所输入的样本图样的特征空间中挑选 S 个特征矩形框。图 4.12 中左边为稀疏测量矩阵中非零的元素,这里选取 4 个非零元素作为示例。每个非零元素分别对应 $\boldsymbol{F}_1,\boldsymbol{F}_2,\boldsymbol{F}_3,\boldsymbol{F}_4$,其权重分别对应 $\boldsymbol{\omega}_1,\boldsymbol{\omega}_2,\boldsymbol{\omega}_3,\boldsymbol{\omega}_4$,其中 $\boldsymbol{\omega}_i\in\{s,0,+s\}$,$i=\{1,2,3,4\}$。最后产生的特征值为选取矩形特征与其对应权重相乘后的和,如式(4.21)所示:

$$\boldsymbol{v}_1=\sum_{i=1}^{4}\boldsymbol{F}_i\times\boldsymbol{\omega}_i \tag{4.21}$$

特征空间中其他的特征向量按照同样的方法得到 n 个特征,最后得到对应于改进后的外表模型所产生的特征空间 $\boldsymbol{v} = \{v_1, v_2, v_3, \cdots, v_n\}^{\mathrm{T}}$。通过压缩感知来实现对高维度特征空间的降维，又因为采用新的外表模型提取特征过程中特征稀疏性大，在采用如上压缩算法后依然可以在较少信息损失的情况下还原信号。

4.2.2　基于 AdaBoost 算法的识别检测过程

图像识别领域可以选取的分类器有很多种，如决策树(decision tree)、选择树分类器、证据分类器、支持向量机等分类器。在对所需算法实现的计算成本、设计过程中的实现难易程度进行综合考虑后，本章选取 AdaBoost 算法[112]来实现识别的分类过程，对于输入的样本图样，其经过改进后的 Haar-like 特征提取算法处理后，产生的特征空间可以表示为 $\boldsymbol{F} = \{F_1, F_2, F_3, \cdots, F_n\}^{\mathrm{T}}$。这里仅简单介绍 AdaBoost 算法的训练过程，针对算法中强弱分类器的生成的算法描述如下。

(1) 确定特征初始权重 $\boldsymbol{\omega}_1, i = D(i)$。

(2) 对于 $t = 1, 2, 3, \cdots, \mathrm{T}$；

Step1. 将初始权重统一化归：

$$q_{t,i} = \frac{\boldsymbol{\omega}_{t,i}}{\sum_{j-1}^{n} \boldsymbol{\omega}_{t,j}}$$

Step2. 针对特征空间中的每个特征向量训练产生一个弱分类器 $\boldsymbol{h}(x, f, p, q)$；形成弱分类器后对其进行加权求和得到弱分类器的误检率 β_f：

$$\beta_f = \sum_i q_i \left| \boldsymbol{h}(x_i, f, p, \theta) - y_i \right|$$

Step3. 误检率越低，其分类效果越好。选取错误率最小的分类器 $h_t(x)$：

$$\begin{aligned} \beta_t &= \min_{f,p,\theta} \sum q_i \mid \boldsymbol{h}(x_i, f, p, \theta) - y \mid \\ &= \sum_i q_i \mid \boldsymbol{h}(x_i, f_t, p_t, \theta_t) - y_i \mid \end{aligned}$$

$$h_t(x) = \boldsymbol{h}(x, f_t, p_t, \theta_t)$$

Step4. 依据所选取的弱分类器进行加权调整：

$$\boldsymbol{\omega}_{t+1,i} = \boldsymbol{\omega}_{t,i} \alpha_t^{1-e_i} \qquad \alpha_t = \frac{\beta_t}{1 - \beta_t}$$

当 $e_i = 0$ 时，说明对应特征 x_i 被成功分类；当 $e_i = 1$ 时，则正好相反。

(3) 最终所形成的强分类器为

$$C(x)=\begin{cases}0 & \sum_{t=1}^{T}\mu_t h_t(x)\geqslant\frac{1}{2}\sum_{t=1}^{T}\mu_t\\1 & \mu_t=\log\frac{1}{\alpha_t}\end{cases},$$

在整个算法对测试图样进行对象识别的过程中，分为三个步骤进行：首先进行图像预处理（主要是为了得到图像的积分图）；其次通过改进后的外表模型提取类似 Haar 特征的特征值并进行压缩采样；最后采用所选取的 AdaBoost 分类器对压缩后的特征空间中的特征进行分类识别。通过计算积分图可以大大缩减特征提取过程中的计算量，利用所提取的特征来形成特征向量并运用分类器对所需要检测的图片进行对象的识别。

4.2.3 实验结果与分析

将本章中算法应用于汽车图像中车辆的识别检测，实验数据来自于武汉市八一路隧道监控项目。所收集的图像样本来自于隧道交通监控系统中录像的片段，图像主要集中于车辆正面的图片。选取了 13 647 张作为训练样本，其中6 873张为正样本，如图 4.13 所示；6 774 张为负样本，如图 4.14 所示。选取了 5 040 张图片作为测试样本，车辆和非车辆样本分别为 3 766 和 1 274 张，选取了各种不同型号（小型轿车、大型货运卡车等）的车辆来保证测试的多样性。在非车辆样本中选取了道路中的路灯、车辆行驶路面等可能会造成较大混淆的图像样本。

图 4.13 正样本

在实验过程中，将检测出的结果的准确率 a_p、虚警率 b_p 作为算法性能的评价指标。其准确率 a_p 和虚警率 b_p 的定义如式(4.22)所示：

图 4.14　负样本

$$a_p=\frac{N_{AP}}{N_{AP}+N_{BN}},\qquad b_p=\frac{N_{BP}}{N_{BP}+N_{TN}} \tag{4.22}$$

其中 N_{AP}，N_{BP}，N_{TN} 和 N_{BN} 分别表示检测出所选取样本中被正确识别的车辆个数、将其他对象识别为车辆的个数、所正确检测出的其他图像的个数和将其他图像检测识别为车辆图像的个数，并进行了以下一两组实验。

实验 1：改进后的 Haar-like 特征压缩算法与传统算法在时间复杂度上的性能比较，其实验结果如表 4.1 所示。

表 4.1　压缩特征前后结果比较

算法	训练所需时间/h
传统算法	113.9
改进后算法	102.5

实验 2：将本章中的算法和一些在图像识别领域经典的识别算法相比较，以此来验证改进后算法的有效性。测试结果如表 4.2 所示。

表 4.2　几种识别方法的比较

识别方法	a_p/%	b_p/%
PCA+SVM	96.95	6.14
Cabor+SVM	96.13	6.45
Wavelet+SVM	96.34	6.43
Wavelet+Cabor+SVM	96.81	5.64
Haar 特征+级联 AdaBoost	97.09	13.19
本节方法	97.47	7.23

如表 4.1 所示，在采用了新的外表模型和压缩感知理论对其进行压缩后，改进后的算法相比于传统的 Haar 特征提取算法在训练时间上减少了 10 个

多小时，提高了算法效率。如表 4.2 所示，经过改进的算法相比于现有的一些识别算法有更高的识别率。对于级联 AdaBoost 分类器的识别方法其一般应用于人脸识别领域中，在这一领域有较好的发展，但是其在由弱分类器生成强分类器过程中，对样本的判定条件十分苛刻，在认定其为非识别目标样本后直接抛弃，使得一部分蕴含识别目标特性的样本也出现了缺失，导致其虚警率也十分高。本章中的方法与其原始的 Haar 特征提取算法和级联 AdaBoost 分类器相比均有所提高，但是级联分类器的特性相较于 SVM 等分类器算法的虚警率还有待提高。

在算法的整体性能和复杂度方面，假定训练所选取的采样图像为 N，所提取的 Haar 特征数为 M，采用传统的特征提取算法和 AdaBoost 分类器复杂度可以表示为 $O(M\times N)$，采用压缩感知理论改进后的特征提取算法复杂度为 $O(1/s\times M\times N)$，这里 S 表示针对原始 Haar 特征数目压缩的比例，可以看出改进后算法优于原始的识别算法。

4.3 颜色-纹理特征融合的均值漂移算法

视频图像目标检测的另一重要研究领域及应用是目标跟踪。目标跟踪也用到与目标检测相差不多的已成熟方法。均值漂移算法(mean shift，MS)以其迭代次数少、实时性好等优点已得到广泛应用，但是由于其使用单一的颜色直方图表示目标特征，因此在复杂环境下往往跟踪效果不理想。针对其在光照剧烈变化、出现部分遮挡情况下跟踪不稳定的问题，本章融合了更符合人眼视觉感知的 HSV 颜色特征和改进的 LBP 纹理特征来改善其在背景颜色与目标颜色相近时的跟踪效果，并采用四邻域搜索法(即扩大候选区域周围四个同等大小的区域)来解决其在出现部分遮挡情况下容易跟踪失败的问题。

近年来目标跟踪被广泛应用于智能视频监控、人机交互、智能交通、机器人视觉、医疗诊断等多个领域，并取得了许多的研究成果。作为目标跟踪领域的经典算法，MS 算法以其迭代次数少，实时性好，实现简单等优点而得到广泛应用；MS 算法自 1975 年一经 Fukunaga 等[113]提出就迅速引起了人们的重视。1998 年，Bradski[114]等提出了一种连续自适应 MS 目标跟踪算法——CamShift，用于跟踪运动中的人脸，这是 MS 算法首次运用到目标跟踪领域。2003 年，Comaniciu[115]等人把 MS 算法成功地运用到特征空间的分析，在图像平滑和图像分割中都得到了很好的应用。MS 算法由于使用单一的颜色直方图表示目标特征，因此在背景与前景颜色相似及光照剧烈变化时，极易陷入局部最优，往往导致跟踪目标的丢失，为此文献[116]和文献[117]在直方图中融入了局部背景信息，提高了算法在复杂场景下的鲁棒性。为了提高识别的准确率，人们在特征选取上加入了纹理特征，文献[118]和文献[120]分别对 LBP 算子做了改进使其能更好地与颜色特征融合，而文献[121]和文献[125]则提出了不同的融合颜色-纹理特征的策略来提高算法在复杂环境下的鲁棒性。以上算法虽然一定程度上提高了某些特定环境下的跟踪效果，但都有其局限性。本章选用更符合人类颜色感知的 HSV 特征[126]作为颜色特征，改进的 LBP 特征[119]作为纹理特征，并在每次迭代得到候选目标区域后都适当扩大搜索范围。与 MS 算法以及 CBWH-MS 算法比较显示，本章算法在光照突变以及出现部分遮挡情况下均比 MS 算法及 CBWH 算法准确率更高。

4.3.1　MS 目标跟踪算法思想

MS 目标跟踪是基于 Bhattacharyya 系数的特征匹配。目标模型和候选目标模型的相似度定义为

$$\rho(y)=\rho[\hat{p}(y),\hat{q}]=\sum_{u=1}^{m}\sqrt{\hat{p}_u(y)\hat{q}_u} \tag{4.23}$$

其中：$\hat{p}_u(y)$ 为 y 处的候选目标模型；$\hat{q}_u$ 为目标模型；m 为特征空间中特征值得个数(也就是 bin 的数目)

将其在 y_0 处进行泰勒展开可得

$$\rho(y)\approx\frac{1}{2}\sum_{u=1}^{m}\sqrt{\hat{p}_u(y_0)\hat{q}_u}+\frac{C_h}{2}\sum_{u=1}^{m}w_i k\left(\left\|\frac{y-x_i}{h}\right\|^2\right) \tag{4.24}$$

其中：

$$C_h=\frac{1}{\sum_{i=1}^{n_h}k\left(\left\|\frac{y-x_i}{h}\right\|^2\right)} \tag{4.25}$$

它由给定的核函数 $k(x)$ 和尺度函数 h 决定；权重 $\boldsymbol{\omega}_i$ 为

$$\boldsymbol{\omega}_i=\sum_{i=1}^{m}\sqrt{\frac{\hat{q}_u}{\hat{p}_u(y_0)}}\delta(b(x_i^*)-u) \tag{4.26}$$

由于 $\frac{1}{2}\sum_{u=1}^{m}\sqrt{\hat{p}_u(y_0)\hat{q}_u}$ 为定值，故要使 $\rho(y)$ 最大，即令

$$\frac{C_h}{2}\sum_{i=1}^{m}\boldsymbol{\omega}_i k\left(\left\|\frac{y-x_i}{h}\right\|^2\right)$$

最大，可以得到

$$y_1=\frac{\sum_{i=1}^{n}x_i\boldsymbol{\omega}_i g\left(\left\|\frac{y_0-x_i}{h}\right\|^2\right)}{\sum_{i=1}^{n}\boldsymbol{\omega}_i g\left(\left\|\frac{y_0-x_i}{h}\right\|^2\right)} \tag{4.27}$$

式(4.27)中，$g(x)=-k'(x)$，MS算法即是通过不断迭代直到 $|y_1-y_0|<\varepsilon$ 或迭代次数到达 N 时停止迭代，此时 y_1 即为当前帧中运动目标的位置。

MS 算法具有运算简单的优点，对于光照稳定、目标与背景没有遮挡情况下的跟踪具有很好的鲁棒性。但是，对于一些背景相对比较复杂的环境，如光照变化、部分遮挡等，MS 算法很容易就会造成跟踪目标的丢失。

4.3.2 融合颜色、纹理特征的目标检测

1. 颜色特征

1）RGB 模型

RGB 颜色模型是图像处理中使用到的最常见的模型，现有的图像采集设备最初采集到的颜色信息都是 RGB 值；但是 RGB 颜色空间不直观，从 RGB 值中很难判断该值所代表的颜色。因此 RGB 颜色空间并不符合人对颜色的感知心理，而且 RGB 颜色空间是不均匀的颜色空间，两种颜色之间的差异并不能通过它们的 RGB 值来表示。基于以上原因，本文选用 HSV 颜色空间模型作为本文的颜色特征。

2）HSV 模型

HSV 模型是一种面向视觉感知的颜色模型。HSV 模型中颜色的参数分别是色调(H)、饱和度(S)、明度(V)。HSV 颜色模型可以用一个倒置的圆锥体来表示，长轴表示亮度，离开长轴的距离表示饱和度，围绕长轴的角度表示为色调，HSV 模型表示如图 4.15 所示。

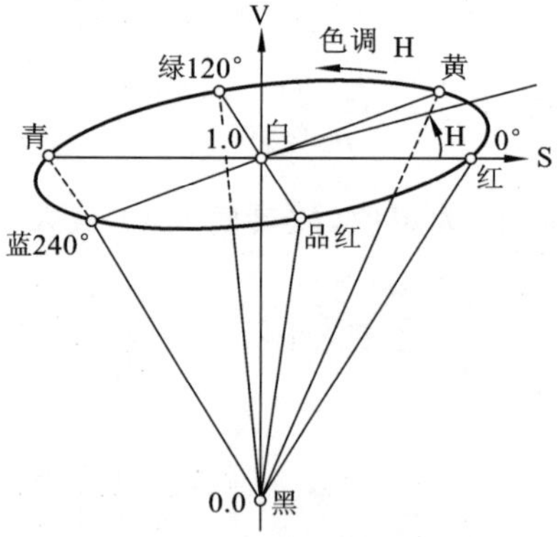

图 4.15 HSV 颜色空间模型

本文参考文献[126]选用简单色轮形式表示 HSV 颜色空间，如图 4.16 所示。

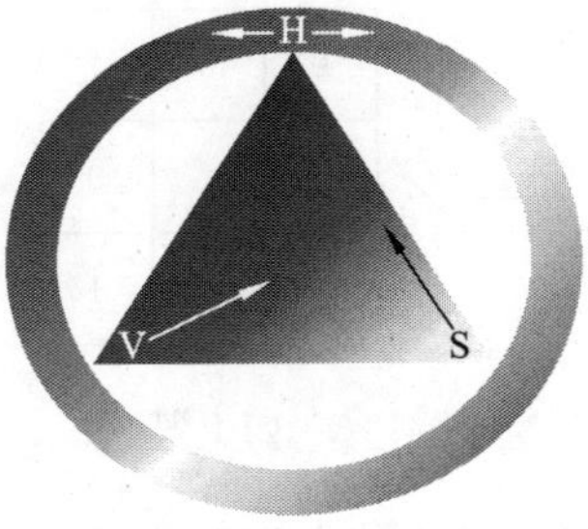

图 4.16　HSV 色轮

HSV 各分量的具体操作为，使用公式对 h 分量进行非等距的量化；使用公式对 s 分量进行量化；使用公式对 v 分量进行量化：

$$h\begin{cases}0 & [h\in 0^\circ,22^\circ]\cup(330^\circ,360^\circ)\\1 & [h\in 22^\circ,45^\circ]\\2 & [h\in 45^\circ,70^\circ]\\3 & [h\in 70^\circ,155^\circ]\\4 & [h\in 155^\circ,186^\circ]\\5 & [h\in 186^\circ,278^\circ]\\6 & [h\in 278^\circ,330^\circ]\end{cases}\tag{4.28}$$

然后在 VS 坐标系上大致划分不同的颜色，其中中心轴附近呈现灰度，与色相无关。当 $v\leqslant 0.2$ 的时候，顶点附近代表黑色；当 $s\leqslant 0.2$ 且 $v\geqslant 0.7$ 的时候，圆锥地面圆心附近代表白色；当 $s\leqslant 0.2$ 且 $0.2<v<0.7$ 的时候，等分成三个区间，分别代表浅灰色、灰色和深灰色。其余区域以 $h=0$ 时的红色为例，当 $0.2<v<0.7$ 且 $v\geqslant s$ 的时候，代表浅红色；当 $s\geqslant 0.7$ 且 $v\geqslant 0.7$ 的时候，代表红色；当 $0.2<v<0.7$ 且 $v<s$ 的时候，代表深红色。因此，量化后的颜色可以使用 $7*3+5=26$ 维来表示。

2. 纹理特征表示

原始的 LBP 算子定义为在 3×3 的窗口内，以窗口中心像素为阈值，将相邻的 8 个像素分别与其比较，若周围像素值大于中心像素值则该像素点位置被标为 1，反之，标为 0。这样，3×3 邻域内的点经比较可产生 8 位二进制数，得到的值即为该窗口中心像素点的 LBP 值，这个值用来反映该区域的纹理信息。如图 4.16 所示。

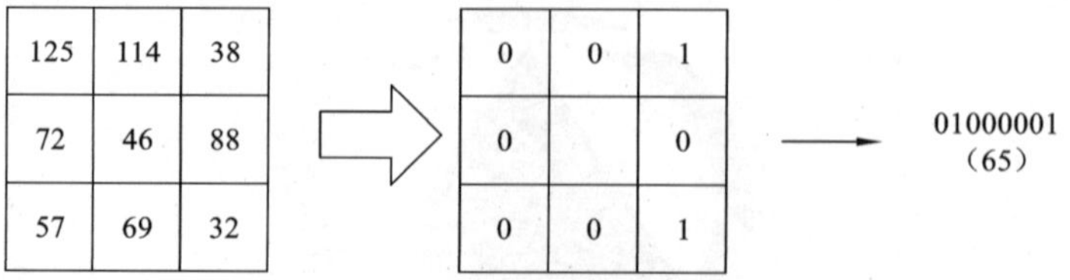

图 4.16　LBP 算子

基本的 LBP 算子最大的缺陷在于它只覆盖了一个固定半径范围内的小区域，为了适应不同尺度的纹理特征，并达到灰度和旋转不变性的要求，Ojala T[118] 等对 LBP 算子进行了改进，将 3×3 邻域扩展到任意邻域，并使用圆形邻域代替了正方形邻域。如图 4.17 所示。

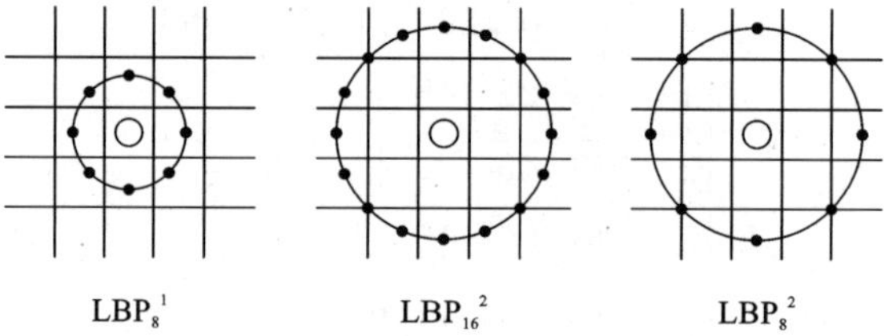

图 4.17　几种 LBP 算子

计算公式为

$$\mathrm{LBP}_{P,R}(x_c, y_c) = \sum_{P=0}^{P-1} s(g_p - g_c)2^p \tag{4.29}$$

其中：P 表示邻域内像素的数目；R 表示半径；g_p 表示以像素点 (x_c, y_c) 为中心点、半径为 R 的邻域内均匀分布的 P 个像素点的灰度值；g_c 表示中心像素点 (x_c, y_c) 的灰度值，如图 4.18 所示。

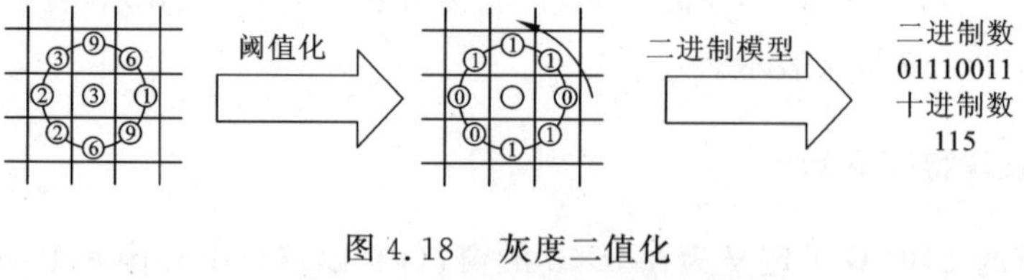

图 4.18　灰度二值化

然而这样 LBP 描述特征能力有限，且不具备旋转不变性。文献[119] 给出了改进的 LBP 算子即 Uniform LBP，定义为

$$\mathrm{LBP}_{8,1}^{\mathrm{riu2}} \tag{4.30}$$

其中：

$$U(\mathrm{LBP}_{P,R}) = |s(g_{P-1}-g_C)-s(g_0-g_C)| + \sum_{p=1}^{P-1} |s(g_p-g_c)-s(g_{p-1}-g_c)| \tag{4.31}$$

公式(4.31)中，$U(x)$函数返回的是 LBP 二进制数中 0 到 1 和 1 到 0 的跳变总数。如 00000000 和 11111111，并没有 0，1 跳变，$U=0$。而对于 01010101 和 10101010 则都有 8 次跳变，$U=8$。对于 Uniform LBP 来说，具有旋转不变性的模式只有 9 种。文献[118]将这 9 中模式对应为几种常见的纹理结构，分别为斑点、线端、角、边缘和平坦区域，其中黑点表示“0”，白点表示“1”。如图 4.19 所示。

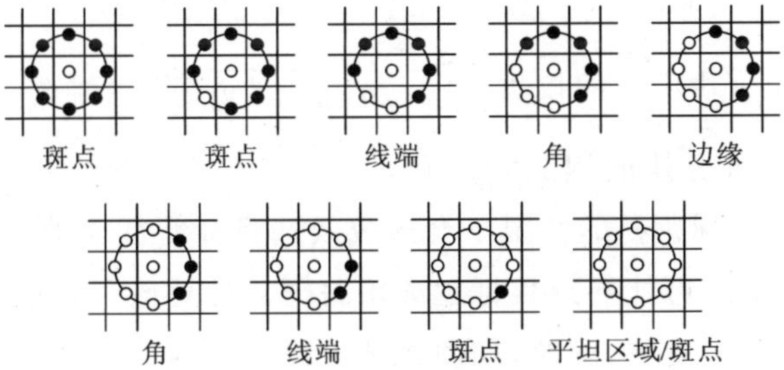

图 4.19　LBP_8^1 的均匀模式

为了减少平坦区域的干扰，增强不平坦区域的权重，文献[120]只保留图 4.19 中 5 种不平坦均匀模式。另外，为了增强 LBP 模式对平坦和背景区域的抗干扰能力，在阈值定义中增加了一个干扰因子 r，r 的绝对值越大，表示对于灰度值变化的容忍性越大。

3. 融合颜色、纹理特征

MS 算法使用颜色直方图的统计信息进行目标跟踪，但是它所描述的是不同色彩在整幅图像中所占的比例，而并不关心每种色彩所处的空间位置。本文采用分块的方式使得颜色的空间信息也能考虑进来，但考虑到实时性的需要，采用九宫格的方式将目标区域划分为九等份，为了凸显中心位置和边缘位置对模型不同的贡献度，分别为各分块赋上权值，如图 4.20 所示。

对于每个分块，建立此分块的颜色纹理联合直方图，直方图的 bin 数目为

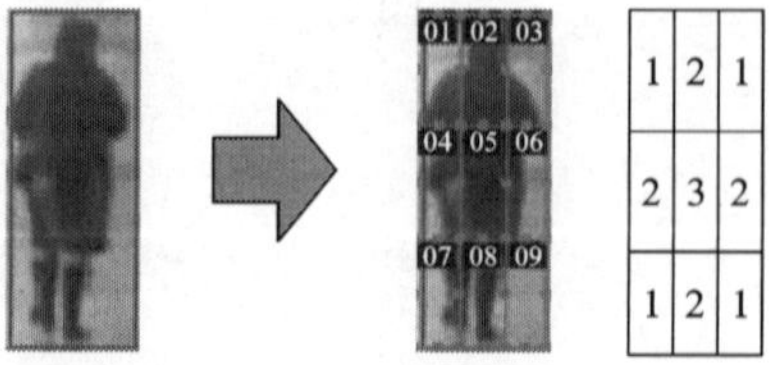

图 4.20　区域分块与赋权值

26×5，直方图区间 bin 的第一位代表了颜色特征的区间，第二位代表了 LBP 纹理特征的区间。如果采用 RGB 模型，直方图的 bin 数目将急剧上升到 16×16×16×5，运算复杂度会急剧增加，从而使得实时跟踪效果不好。

候选目标模型与目标模型的相似度为

$$\rho(y)=\sum_{n=1}^{9}\left(w_n\sum_{u=1}^{m}\sqrt{q_{u,n}p_{u,n}(y_n)}\right)\tag{4.32}$$

其中，w_n 代表 n 分块所占的权重；$\sum_{u=1}^{m}\sqrt{q_{u,n}p_{u,n}(y_n)}$ 代表候选目标模型第 n 分块与目标模型第 n 分块的相似度。

MS 算法在遇到遮挡的情况下会造成候选目标特征函数与目标特征函数的匹配度很低，最终可能导致目标远离跟踪框。针对这个问题，提出了四邻域搜索法来解决部分遮挡的问题，如图 4.21 所示。

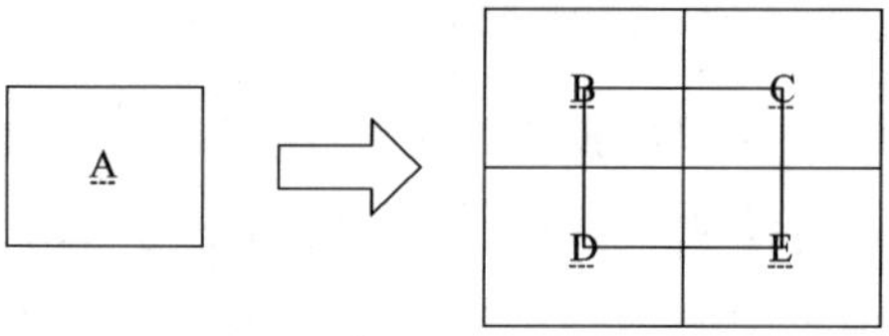

图4.21　在候选目标模型外扩大搜索范围示意图

本章在每一次迭代计算得到的目标新位置处都会扩大搜索范围，即长和宽分别扩大为原区域的两倍，分别计算区域 A，B，C，D，E 这 5 个矩形框内各分块的颜色纹理特征直方图，并与初始目标模板对应的分块的颜色纹理特征直方图进行比较计算这 5 个区域的联合相似度，比较它们的大小，选取相似度最大的候选区域作为新的迭代位置。

融合颜色-纹理特征的 MS 算法描述如下：

Input：视频图像序列文件
Output：跟踪结果图像序列文件

Begin

1：初始化目标区域和起始帧中目标的位置 y_0，设定终止迭代阈值 $\varepsilon=0.1$ 和最大迭代次数 $N=10$。

2：初始化迭代次数 $k\leftarrow 0$。

3：对目标区域进行分块并计算各分块目标的颜色纹理特征模型直方图 $q_{u,n}$。

4：在当前帧，对候选目标模型进行分块并计算候选目标各分块的颜色纹理特征模型直方图 $p_{u,n}(y_n 0)$。

5：计算各分块漂移后新的位置 $y_{1,n}$，再根据权重求出候选目标区域的质心 y_1。

6：依据四邻域搜索法扩大候选区域，并对 5 个候选目标区域分别进行分块处理，分别计算五个候选目标区域与目标区域的相似度 $\rho_A(y)$，$\rho_B(y)$，$\rho_C(y)$，$\rho_D(y)$，$\rho_E(y)$，取相似度最大的矩形框作为新的候选区域，并将其质心置为 y_1。

7：设置 $k\leftarrow k+1$，$d\leftarrow \| y_1-y_0 \|$，$y_1\leftarrow y_0$。

If $d<\varepsilon$ or $k>N$

　　转向步骤 8；

Else

　　转向步骤 4；

8：把下一帧作为当前帧，然后初始化目标的起始位置 y_0，然后转向步骤 2。

If $d<\varepsilon$ or $k>N$

　　转向 7；

Else

　　转向 4；

End

算法复杂度为$O(n^2)$在特征选取以及候选目标区域确定方面做出改进，具体表现为融合 HSV 颜色特征和 LBP 纹理特征建立颜色纹理直方图，并且通过分块的方法将像素的空间相关性也得以考虑进来。由于引入了 LBP 纹理特征，因此改善了 MS 算法以及 CBWH-MS 算法对光照变化不敏感的缺陷。同时本章采用四邻域方法扩大搜索候选目标区域，使算法可以处理部分遮挡的情况。实验证明，本章的算法在光照剧烈变化以及出现部分遮挡的情况下具有较好的鲁棒性。

4.3.3 实验结果与分析

本章实验在 opencv 下进行。实验 1 图像序列来自 Visual Tracker Benchmark 项目中的 David 数据集，该数据集记录了 David 从黑暗地方走到明亮地方的过程。该图片序列由 770 张图片组成，由于图片序列前 100 帧过于黑暗，跟踪效果受到很大影响，本章截取第 100～350 帧作为实验内容，每张图片分辨率为 320×240，该段图片序列详细记录了 David 的脸从很暗到亮的过程。实验 2 视频图像序列来自 CAVIAR 项目中一段在商店走廊的视频序列，这段视频的图片序列一共 252 张，记录了行人从未遮挡到部分遮挡再到未遮挡的过程，每张图片分辨率为 384×288。实验 3 视频图像序列是文献[117]中一段 Ping-Pong ball 的视频实验结果，该段视频记录了乒乓球快速上下移动情况下 CBWH-MS 算法的跟踪效果，此段视频序列包含 79 张图片序列，每张图片分辨率为 360×240。本章以此实验结果作为输入来进行实验，初始目标框为文献[117]的初始目标框，左上角坐标像素为(134，33)，目标框为 29×33。本章实验 1、实验 2 的跟踪目标均在初始帧进行人工选择且赋予权重，所以初始帧中目标区域应该尽可能地准确。实验采用矩形框进行选择，其中实验 1 选取的矩形框为 72×73，实验 2 选取的矩形框为 30×80。为了验证本章所提出算法在特定情况下所具有的优势性，本章分别对这几个具有针对性的场景的图像序列进行仿真测试，并对结果进行了对比。

1. 实验分析

1）实验 1

如图图 4.22 所示，实验选取了第 100，150，250，350 帧图片的对比跟踪结果，图中，第一排图表示传统的基于颜色的 MS 算法实验结果图；第二排图表示 CBWH-MS 算法实验结果图；第三排图为本章算法的实验结果图。对比结果显示，MS 算法和 CBWH-MS 算法均是单一基于颜色特征的，在光照剧烈改变时，算法不能很好地区分目标区域与背景区域，从而导致了矩形框跟踪区域一直都是颜色较深区域最终丢失了目标；本章方法由于融合了纹理特征，有效消除了背景和噪声等因素的干扰，使得目标特征可以明显区别于目标附近的背景区域特征，因此在光照发生剧烈变化时仍然可以跟踪到目标，跟踪效果明显好于 MS 算法及 CBWH-MS 算法。

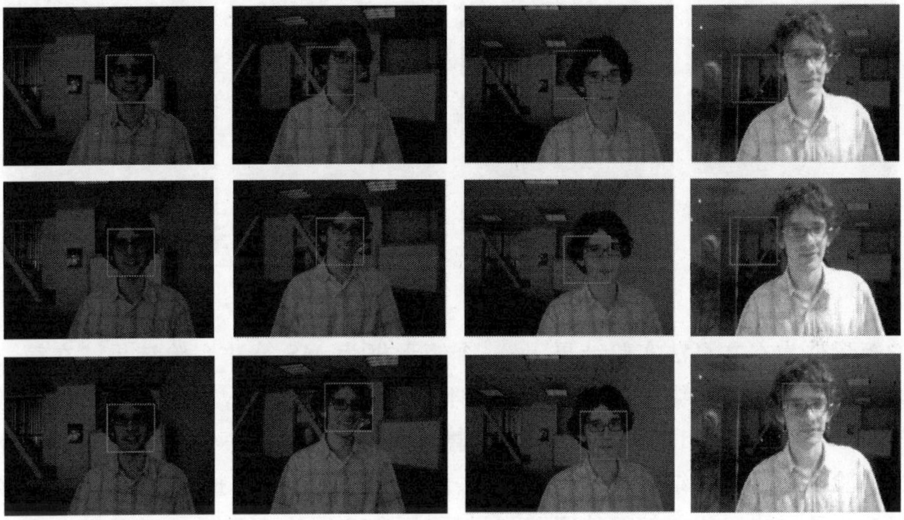

图 4.22　实验 1 图

2）实验 2

图 4.23 实验选取了第 1,95,120,160 帧图片的对比跟踪结果，图中，第一排表示 MS 算法实验结果图；第二排图表示 CBWH-MS 算法实验结果图；第三排图表示本文算法的实验结果图。对比结果显示本章算法由于扩大了搜索范围，因此在发生部分遮挡时也较好地跟踪到了目标保证了跟踪的准确性；CBWH-MS 算法融入局部背景信息，降低了背景特征对目标的影响使得跟踪效果好于 MS 算法，但在目标被较大程度的遮挡时仍造成了跟踪失败；而传统算法则在遮挡时丢失了跟踪目标。

3）实验 3

图 4.24 实验选取视频中乒乓球进行了速度较快的移动，本章选取了第 10,20,30,40 帧图片的对比跟踪结果，其中第一、二、四幅图中矩形框上边缘最高的矩形框为文献[117]中 CBWH-MS 算法实验结果，矩形框上边缘最低

图 4.23　实验 2 图

的矩形框为本文算法实验结果，另一个矩形框为 MS 算法实验结果。在第三幅图中矩形框上边缘最高的矩形框为本文算法实验结果，矩形框上边缘最低的矩形框为文献[117]中 CBWH-MS 算法实验结果，另一个矩形框为 MS 算法实验结果。对比结果显示，本章方法由于在迭代过程中扩大了搜索范围，当目标运动过快时仍能较好地跟踪到目标；而 MS 算法由于目标运动过快而在某些帧丢失了目标。

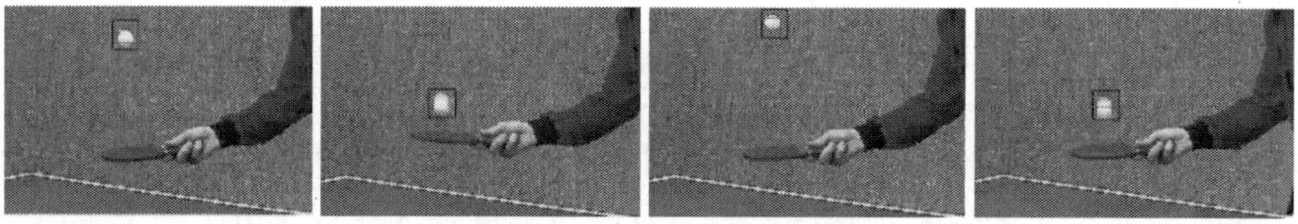

图 4.24　实验 3 图

2. 性能分析

为进一步对比本章算法的优越性，本章将跟踪结果和真实结果(人工标注得到)进行了定量分析。设第 $i=1,2,\cdots,N$ 帧跟踪框与实际目标的位置为 $D_{i1}(x_i,y_i)$、$D_{i0}(x_{i0},y_{i0})$，则跟踪框与实际目标位置面积重叠比为

$$S_j=\frac{D_{i1}\cap D_{i0}}{D_{i0}} \tag{4.33}$$

S_j的取值范围为[0,1]，S_j取值越大表明跟踪准确度越高。这里认为当$S_j>0.5$时，此帧为有效跟踪。设视频总帧数为N，有效跟踪帧数为M，则跟踪准确率为$A=M/N$。各算法准确率比较如表 4.3 所示。

表 4.3　算法性能比较

实验	算法	准确率 A/%	平均跟踪时间/s
David	MS 算法	25.89	0.154
	CBWH-MS 算法	26.69	0.198
	本文算法	98.00	0.225
Walking	MS 算法	48.81	0.223
	CBWH-MS 算法	50.39	0.234
	本文算法	100	0.256
Ping-Pong	MS 算法	86.07	0.164
	CBWH-MS 算法	100	0.202
	本文算法	100	0.235

从表 4.3 可以看出，本章算法在光照剧烈变化以及部分遮挡时的跟踪误差要低于 MS 算法以及 CBWH-MS 算法。本章算法对比 MS 算法加入了纹理特征以及扩大搜索域的操作，因此耗时明显高于 MS 算法，但本文特征通道为 26×5，相较 RGB 的 16×16×16，大大减少了 bin 的数目，实验结果显示，本章算法耗时略高于 CBWH-MS 算法，能够满足实时性的要求。实验证明，本章算法在上述两种情况下比经典 MS 算法以及 CBWH-MS 算法具有更好的鲁棒性。

第 5 章　视频图像语义特征提取方法

视频图像语义特征提取是视频语义分析及检索的技术基础，良好的视频图像语义特征提取方法是实现高质量、高效率视频语义检索的技术前提。因而，研究提出视频语义特征提取方法的相关技术，是本章的一个研究重点。

本章是针对视频图像语义特征提取方法的研究，首先介绍视频语义特征提取方法在整个课题研究中的地位及意义，并简要说明本章研究内容的关注点；接着着重从视频的时间与空间结构特征出发，并结合条件随机域模型，提出一个视频图像语义特征提取框架，实现视频语义特征的概念本体自动标注与提取；最后通过一个实验，验证本研究方法的合理性与有效性，以及本章提出的相关算法的可用性。

5.1　视频图像特征提取框架

众所周知，视频数据的语义信息极其丰富，选取合适的视频语义特征、构造正确的视频语义提取方法，是准确分析检索视频数据的关键。由于本体具备较强的语义鉴别能力，即不同的概念本体之间差异性大，且具有不变性，所以在本文的研究中主要采用概念本体来表征视频的语义特征。

另外，目前的视频数据主要分为未经压缩处理的像素域(pixel domain)视频和经过压缩编码的压缩域(compressed domain)视频，为体现本章研究工作在整个课题研究中的基础性，主要针对像素域视频的语义特征提取方法进行研究。

本章研究内容主要关注的是“针对视频语义特征的提取方法”，即如何有效地提取出适合视频语义检索的特征，而不具体探讨视频语义特征的分析、选取与表示等内容。当前国内外关于视频语义特征的提取方法，主要归纳为下列几类。

(1) 基于概率统计的方法。基于概率统计的方法是将视频语义特征提取视作一类特殊的模式分类问题，针对视频中大量的随机性内容进行数学描述，并由此设计相应的语义提取方法，然后利用模式分类的理论与方法，来实现视频中低层视觉特征到高层语义特征的转换与映射。目前，这类方法的研究与应用较为广泛，其中成熟的方法实例有决策树（decision tree）、贝叶斯网络（bayesian network，BN）、朴素贝叶斯（navie bayesian，NB）等。

（2）基于统计学习的方法。基于统计学习的方法是在大量收集视频训练样本的基础上，利用相关的统计学知识和机器学习理论，来自动构造视频语义特征提取方法。目前，比较典型的方法有建立在结构风险最小化原则上的支持向量机（support vector machine，SVM），它是通过在高维空间中寻找一个超平面来作为视频语义提取的分类标准，其可保证语义提取过程中的最小分类错误，且适用于小样本训练集。另外，应用较多的方法还有高斯混合模型（GMM）、隐马尔可夫模型（hidden markov model，HMM）等。

（3）基于规则推理的方法。基于规则推理的方法主要是根据视频内容的特点，结合专业知识制定相关的推理规则，并以此来推导提取视频的语义特征。其中，推理规则的实质是给出语义分类的阈值，利用一系列的门限值来构成语义概念的分类器。在基于规则推理方法的系统具体实现中，一个规则的准确制定往往十分困难，通常需要有领域专家的参与。当前，这类方法主要关注于将模糊理论应用在规则的制定中。

（4）基于特定领域知识的方法。基于特定领域知识的方法是通过限定、缩小视频的应用领域，来简化视频中相关语义概念和事件的随机性，从而弥补视频低层视觉特征向高层语义映射的诸多不足。目前，这类方法主要应用在具备充足领域知识的特定应用领域，如影视制作、新闻采编等。

针对上述国内外对视频图像语义特征提取方法的各类研究，本章结合视频语义检索的实际需要与目标，提出了一个视频图像语义特征提取框架，其研究内容具体为基于条件随机域（conditional random field，CRF）方法及相关的概率统计学知识，探索使用机器自动标注（提取）视频语义特征概念本体的方法。

从人类认知的角度对视频语义划分，其语义概念包括对象、场景和事件三类。鉴于这三类语义概念在视频语义特征提取方法中的差异和难度，我们主要关注的是视频中视频对象语义的提取方法，其中视频对象指的是实物对象的实体表现，而暂不对视频的场景及事件语义作进一步探讨，后续章节再进行讨论。

条件随机域是在给定一组输入随机变量条件下另一组输出随机变量的条件概率分布模型，其特点是假设输出随机变量构成马尔可夫随机域（markon random field，MRF）。条件随机域十分适合时间序列随机变量的标注问题，而视频数据的语义提取正满足这种数据特性和应用目标。因而,我们的研究工作主要是基于条件随机域来构建视频语义特征提取的方法。

图 5.1 给出了基于条件随机域的视频图像语义特征提取框架。该框架的具体实现是由相关的几个概率子方法所构成,其中包括视频低层特征方法、视频低层特征似然方法、视频高层对象语义提取方法以及视频高层对象语义标注方法。这些子方法的构造均基于概率统计学知识,其具体内容将在本章接下来的几个小节中详细介绍。

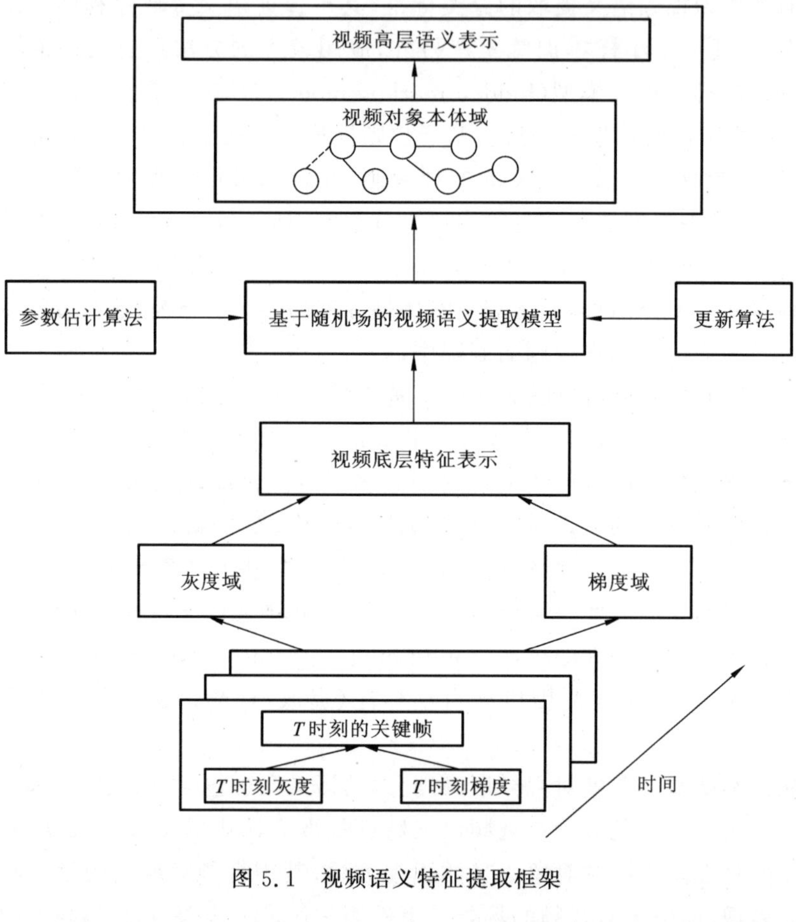

图 5.1 视频语义特征提取框架

为了对语义特征提取框架中各个子方法的形式化描述,这里首先定义几个相关概念。

(1) 视频关键帧序列(video key-frame sequence)。给定一段视频数据进行关键帧提取,按时间顺序组合提取得到的关键帧的集合序列,称为视频关键

帧序列，其表示为 $\{K_t | t\in N\}$。这里变量定义为视频关键帧序列的时间刻度。

(2) 视频对象本体域(video object ontology field)。给定一段视频，其中存在的实物对象的实体语义所构成的一个随机域(random field)，称为视频对象语义域。由于本章对视频中实物对象的语义描述主要基于概念本体来表征，所以视频对象语义域也称为视频对象本体域，即高层对象语义标注本体域，其表示为集合 $O=\{O_i | i\times N\}$，其中 O_i 表示本体域中具体的元素，如"车""人"等概念。例如，t 时刻视频关键帧序列的视频对象本体域可表示为 O_t，若令 x 为 t 时刻视频关键帧 K_t 上一个像素点，则其对应的本体域可标注为 $O_t(x)$；若令 s 为 t 时刻视频关键帧 K_t 上若干空间相邻像素点所构成的实物对象区域，则其对应的本体域可标注为 $O_t(s)$。在实际分析计算中，视频对象本体域中的元素将会量化为具体的向量值，例如，本体域的元素"车"，可表示成一个概念本体向量 $O_{车}$。

(3) 视频低层特征域(video low-level feature field)。给定一段视频，其低层像素点的相关图像特征构成的一个随机域，称为视频低层特征域，也称为视频关键帧域，其表示为 F。例如，t 时刻视频关键帧的低层特征域可表示为 F_t，其具体到该关键帧上某一个像素点 x 所对应的低层特征可表示为随机向量 $F_t(x)$。

(4) 视频图像像素域(video image pixel field)。给定一个视频序列，其中构成某一时刻关键帧的所有像素点的集合，称为视频图像像素域，这也是该时刻视频关键帧的空间域(space domain)，表示为 X。例如，t 时刻视频关键帧的像素点集合可表示为 X_t。

5.2　视频低层特征表示与提取似然方法

根据前面给出的视频图像语义特征提取框架可知，视频关键帧序列中低层的每一像素点将被映射为高层的对象语义，并以对象概念本体的形式表征。例如，假设 x 为视频序列中 t 时刻关键帧域 F_t 的一个像素点，它将根据视频语义提取方法的语义映射，被标注为高层的具体对象本体 $O_t(x)$。又如，若呈现为该时刻视频关键帧中语义概念"车"的低层像素点，则 $O_t(x)$ 被量化为"车"的概念本体向量 $O_{车}$。

5.2.1 视频低层特征表示方法

在本章中，视频低层特征被规约成由视频关键帧像素点上的灰度与梯度两类信息所构成的随机域 F_t，其在视频序列 $\{K_t\}$ 中任意一像素点 x 上规约为一个随机向量，表示为 $F_t(x)=(I_t(x),G_t(x))$。

1. 灰度域

在时刻 t，视频关键帧像素点 x 上的灰度信息数学表示为像素点 x 坐标对应的一个函数，即 $I_t(x)=f(x_x,y_x)$。同时，为方便计算，且根据高斯混合模型的原理，这里假设视频关键帧中每个像素点的灰度信息均近似服从于各自不同的高斯模型 $N(\mu_{O_i,t},\sigma_{O_i,t})$，而这些不同的高斯模型则分别对应于视频关键帧像素点所归属的几类对象本体。那么，在 t 时刻视频关键帧像素点上的灰度模型可表示为

$$\begin{aligned} I_t(x) &= \lambda_{O_1} I_{O_1,t}(x) + \lambda_{O_2} I_{O_2,t}(x) + \cdots + \lambda_{O_k} I_{O_k,t}(x) \\ &= \sum_{i=1}^{k} \lambda_{O_i} I_{O_i,t}(x) \\ &= \sum_{i=1}^{k} \lambda_{O_i}(u_{O_i,t}(x) + n_{O_i,t}(x)) \end{aligned} \tag{5.1}$$

该模型中各参数含义如下。

(1) λ_{O_i} 表示为在 t 时刻的视频关键帧上，所有可语义标注为第 i 个对象本体 O_i 的像素点所服从的高斯分布 $N(\mu_{O_i,t},\sigma_{O_i,t})$ 在整个灰度模型中的权重，并满足 $\sum_{i=1}^{k}\lambda_{O_i}=1$ 且 $0\leqslant\lambda_{O_i}\leqslant 1$，这里 $i\in N$。

(2) $I_{O_i,t}(x)=u_{O_i,t}(x)+n_{O_i,t}(x)$。其中，$u_{O_i,t}(x)$ 表示所有语义归属于第 i 个对象本体 O_i 的像素点高斯分布模型的均值，$n_{O_i,t}(x)$ 表示其方差 $\sigma_{O_i,t}$ 所对应的噪声。

由此可得，t 时刻视频关键帧的灰度域为 I_t。

2. 梯度域

在时刻 t，视频关键帧像素点 x 上的梯度信息数学表示像素点坐标 (x_x,y_x) 对应的一个算子，即定义为如下一个矢量：

$$G_t(x)=\nabla f(x_x,y_x)=[G_x,G_y]^{\mathrm{T}}=\left[\frac{\partial_f}{\partial_x},\frac{\partial_f}{\partial_f}\right]^{\mathrm{T}} \tag{5.2}$$

为便于计算，这里使用视频关键帧中相邻像素点的灰度差来具体规约梯度信息。那么，在 t 时刻视频关键帧像素点上的梯度模型可表示为

$$G_t(x) = \nabla f(x_x, y_x) = [I_t(x+\Delta x) - I_t(x), I_t(x+\Delta y) - I_t(x)]^{\mathrm{T}} \tag{5.3}$$

该模型中各参数含义如下。

(1) $\Delta x, \Delta y$ 分别表示像素点 x 在关键帧横向和纵向坐标轴上的单位增量。

(2) 梯度模型 $G_t(x)$ 近似服从于高斯分布 $N(\mu_{G,t}, \sum_{G,t})$，即其均值和协方差分别如下：

$$\mu_{G,t} = [I_t(x+\Delta x) - I_t(x), I_t(x+\Delta y) - I_t(x)]^{\mathrm{T}} \tag{5.4}$$

$$\sum\nolimits_{G,t}(x) = \begin{pmatrix} \sigma^2_{O_i,t}(x) + \sigma^2_{O_i,t}(x+\Delta x) & 0 \\ 0 & \sigma^2_{O_i,t}(x) + \sigma^2_{O_i,t}(x+\Delta y) \end{pmatrix} \tag{5.5}$$

由此可得，t 时刻视频关键帧的梯度域为 G_t。

3. 模型参数估计

视频低层特征方法中的灰度模型为整个视频语义特征提取提供基础数据，因而有必要首先对灰度模型中的参数进行估计。

这里，先假定参数表示对象概念本体的类别，例如，δ_i 对应于本体域中第 i 个对象本体 O_i 的类别，则有 δ_i 服从多项式分布，其中 $p(\delta_i = O_t) = \lambda_{O_i}$，并将模型参数 λ、μ 与 $\sum$ 统一假定为参数 θ，即 $\theta = \left(\lambda, \mu, \sum\right)$。那么，灰度域 I_t 上的联合分布 $p(x,\sigma)$ 的最大似然估计可表示如下：

$$\begin{aligned} L(\theta) &= \sum_{i=1}^{m} \log p(x_i, \theta) \\ &= \sum_{i=1}^{m} \log \sum_{\delta} p(x_i, \delta; \theta) \\ &= \sum_{i=1}^{m} log \sum_{\delta} p(x_i \mid \delta; \mu) \sum p(\delta; \lambda) \end{aligned} \tag{5.6}$$

其中：m 为样本总量。

考虑到这个表达式的最大值不能通过求导取零的方法获取，因而这里主要基于 Jensen 不等式确定函数下界的方法，设计如下迭代算法来估计模型中的参数。模型参数估计算法 MPE(model parameter estimation) 伪码如下。

Input:样本 x 和对象概念本体的类别 δ

Output:参数 $\theta=(\lambda,\mu)$

Begin

While !convergence

$$\sum_{i=1}^{m}\log p(x_i;\theta)=\sum_{i=1}^{m}\log\sum_{\delta}p(x_i,\delta;\theta)$$

$$=\sum_{i=1}^{m}\log\sum_{\delta}q_i(\delta_i)\frac{p(x_i,\delta_i;\theta)}{q_i(\delta_i)}$$

$$\leqslant\sum_{i=1}^{m}\sum_{\delta}q_i(\delta_i)\log(\frac{p(x_i,\delta_i;\theta)}{q_i(\delta_i)})$$

$$q_i(\delta_i)=\frac{p(x_i,\delta_i;\theta)}{\sum_{\delta}p(x_i,\delta_i;\theta)}$$

$$=\frac{p(x_i,\delta_i;\theta)}{p(x_i;\theta)}$$

$$=p(\delta_i\mid x_i;\theta)$$

For each x

$$q_i(\delta_i)=p(\delta_i\mid x_i;\theta)$$

End For;

$$\sum_{i=1}^{m}\sum_{\delta}q_i(\delta_i)\log\left(\frac{p(x_i,\delta_i;\theta)}{q_i(\delta_i)}\right)$$

$$=\sum_{i=1}^{m}\sum_{\delta}q_i(\delta_i=O_i)\log\frac{p(x_i\mid\delta_i=O_i;\mu,\sum)p(\delta_i=O_i;\lambda)}{q_i(\sigma_i=O_i)}$$

$$=\sum_{i=1}^{m}\sum_{\delta}\lambda_{O_i}\log\frac{\frac{1}{(2\pi)^{n/2}\left|\sum_{O_i}\right|^{1/2}}\exp\left[-\frac{1}{2}(x_i-\mu_{O_i})^{\mathrm{T}}\sum_{O_i}^{-1}(x_i-\mu_{O_i})\right]\lambda_{O_i}}{\lambda_{O_i}}$$

Set the partial with respect to $\lambda,\mu,\sum$ equal to zero

$$\theta^*=\text{arc}\max_{\theta}\sum_{i=1}^{m}\sum_{\delta}q_i(\delta_i)\log\frac{p(x_i,\delta_i;\theta)}{q_i(\delta_i)}$$

End While;

$$\lambda_{O_i} = \frac{1}{m}\sum_{i=1}^{m}\lambda_{O_i}^{(i)}$$

$$\mu_{O_i} = \frac{\sum_{i=1}^{m}\lambda_{O_i}^{(i)} x_i}{\sum_{i=1}^{m}\lambda_{O_i}^{(i)}}$$

$$\sum_{O_i} = \frac{\sum_{i=1}^{m}\lambda_{O_i}^{(i)}\ (x_i - \mu_{O_i})^T (x_i - \mu_{O_i})}{\sum_{i=1}^{m}\lambda_{O_i}^{(i)}}$$

End

不妨设对象概念本体类别的数量为 N，每一次迭代为

$$T(M) = O(M) * O(N) = O(M)$$

一般地，对象概念本体的类别的数量远小于对象样本的数量，即 $N \ll M$，算法 MPE 的时间复杂度 $T(M) = O(M)$。

下面，再给出模型参数估计算法中 MPE 收敛的证明。

证明：假定 $\theta^{(k)}$ 和 $\theta^{(k+1)}$ 分别是模型参数估计算法第 k 次和第 $k+1$ 次迭代的结果，根据 *Jensen* 不等式中等式成立的条件，在选定 $\theta^{(k)}$ 后有 $q_i^{(k)} := p(\delta_i \mid x_i;\theta^{(k)})$，且确保了如下等式：

$$L(\theta^{(k)}) = \sum_{i=1}^{m}\sum_{\delta} q_i^{(k)}(\delta_i) log \frac{p(x_i,\delta_i;\theta^{(k)})}{q_i^{(k)}(\delta_i)} \tag{5.7}$$

然后，固定 $q_i^{(k)}(\delta_i)$，并将 $\theta^{(k)}$ 作为变量，对上述 $L(\theta)$ 巧表达式求导，可得 $\theta^{(k+1)}$，最后有

$$\begin{aligned} L(\theta^{(k+1)}) &\geqslant \sum_{i=1}^{m}\sum_{\delta} q_i^{(k)}(\delta_i) log \frac{p(x_i,\delta_i;\theta^{(k+1)})}{q_i^{(k)}(\delta_i)} \\ &\geqslant \sum_{i=1}^{m}\sum_{\delta} q_i^{(k)}(\delta_i) log \frac{p(x_i,\delta_i;\theta^{(k)})}{q_i^{(k)}(\delta_i)} \\ &= L(\theta^{(k)}) \end{aligned} \tag{5.8}$$

由此，最大似然估计单调增加，最终可达到最大似然估计的最大值。

证毕。

5.2.2 视频低层特征提取似然方法

视频低层特征似然方法 $p(F_t \mid O_t)$，是在给定高层对象语义标注本体域 O_t 基础上的条件概率模型，它是最终统计推导高层对象语义标注方法的数据前提。

这里，首先假设当给定高层对象语义标注本体域 O_t 后，视频低层特征随机域 F_t 在视频空间域上满足条件独立性，由此，视频低层特征似然方法可因子分解如下：

$$p(F_t \mid O_t) = \prod p(F_t(x) \mid O_t(x)) \tag{5.9}$$

同时，假设视频低层特征随机域 F_t；中灰度域和梯度域也满足条件独立性，则该似然方法又可因子分解为

$$p(F_t \mid O_t) = p(I_t, G_t \mid O_t) = p(I_t \mid O_t)p(G_t \mid O_t) \tag{5.10}$$

那么，

(1) 若 t 时刻视频关键帧中，像素点 x 被语义标注为本体 O_i 时，有

$$p(I_t(x) \mid O_t(x) = O_i) = N(I_t(x); \mu_{O_i,t}, \sigma^2_{O_i,t}) \tag{5.11}$$

(2) 若 t 时刻视频关键帧中，由若干相邻像素点构成的区域 s 被语义标注为本体 O_i 时，有

$$p(G_t(x) \mid O_t(s) = O_i) = N(G_t(x); \mu_{G,t}, \sum\nolimits_{G,t}) \tag{5.12}$$

5.3 视频高层对象语义提取方法

5.2.2 小节给出了视频低层特征似然方法 $p(F_t \mid O_t)$，然而该方法仅仅关注视频关键帧中各个像素点自身对视频对象语义提取的影响，而未曾考虑视频序列中像素点彼此之间的关联信息。本节将从分析与统计像素点间的空域与时域信息出发，为视频图像特征提取框架进一步构建高层对象语义提取方法，这有助于增强视频语义提取的准确度。

1. 空域信息分析与建模

视频序列中相同关键帧的像素之间存在着相互影响的关系，合理地利用这类信息有助于提高视频语义提取的质量。这里，主要关注相同关键帧中像素点 x 在空间域上与其直接相邻的上下左右四个像素点 x_u, x_d, x_l, x_r 间的关联

性，令 $N_x = \{x_u, x_d, x_l, x_r\}$，因而假设相同关键帧中像素点彼此间满足马尔可夫属性，即

$$p(r(x) \mid r', r(y), y \neq x) = p(r(x) \mid r', r(y), y \in N_x) \tag{5.13}$$

其中：r 和 r' 分别是视频序列关键帧上的两个随机域。

由此，经过分析视频序列中关键帧的空域信息，在 t 时刻，高层视频对象的语义提取方法可以建模成一个条件随机域模型，即 $p(O_t \mid F_{1,\cdots,t})$。

然后，根据 Hamersley-Clifford 定理，该模型可以因子分解为该模型所对应的概率无向图（probability undirected graphical model）中若干个最大团（Clique）上的势函数乘积，即

$$p(O_t \mid F_{1,\cdots,t}) = \frac{1}{Z(O_t \mid F_{1,\cdots,t})} \prod_C \psi_c(O_t \mid F_{1,\cdots,t}) \tag{5.14}$$

该模型中：

(1) $Z(O_t \mid F_{1,\cdots,t})$ 是规范化因子（normalization factor），即为

$$Z(O_t \mid F_{1,\cdots,t}) = \sum_{O_t} \prod_C \psi_C(O_t \mid F_{1,\cdots,t}) \tag{5.15}$$

(2) C 为模型所对应的概率无向图中的最大团，即视频序列关键帧中像素点 x 满足马尔可夫属性的空间邻域像素点集合。

(3) $\psi_C(O_t \mid F_{1,\cdots,t})$ 为最大团 C 上的一个势（potential）

那么，根据视频序列中关键帧的空域信息，模型表达式中的势函数可进一步具体为像素点上灰度的势与梯度的势之和，即有：

$$\begin{aligned}\psi_C(O_t \mid F_{1,\cdots,t}) &= \exp(-E_C(O_t \mid F_{1,\cdots,t})) \\ &= \exp(-\sum_{x \in C}(\psi_{I_t(x)}(O_t(x) \mid F_{1,\cdots,t}(x)) + \sum_{y \in N_x}\psi_{G_t(x)}(O_t(x), O_t(y))))\end{aligned} \tag{5.16}$$

其中：$\psi_{I_t(x)}(O_t(x) \mid F_{1,\cdots,t}(x))$ 是视频序列关键帧中像素点 x 上灰度的势，其可由视频低层特征方法中的灰度模型提供数据；$\psi_{G_t(x)}(O_t(x), O_t(y))$ 是视频序列关键帧中像素点 x 上梯度的势，其可由视频低层特征方法中的梯度模型 $\psi_{G_t(x)}(O_t(x), O_t(y))$ 提供数据。

2. 时域信息分析与建模

视频序列中，图像帧的同一位置在相邻关键帧上的像素点之间也存在着相互依赖的关系，合理地利用这类视频序列的时域信息，同样有助于提高视频语义提取的质量。这里，主要关注相邻两个关键帧，如 K_t 和 K_{t+1} 在视频序列中同一位置上像素点 X_t 与像素点 X_{t+1} 之间的时域信息关联性，令 $M_{x_t} = \{x_t,$

$x_{t+1}\}$。因而，同样假设这样的像素点满足视频序列时间域上的马尔可夫属性，即

$$p(r(x_t) \mid r', r(y), y \neq x_t) = p(r(x_t) \mid r', r(y), y \in M_{x_t}) \tag{5.17}$$

其中：r 和 r' 分别是视频序列关键帧上的两个随机域；y 是视频序列中与像素点 x_t 处于同一位置上的另一个像素点。

由此，高层视频对象的语义提取方法在视频序列的时间域上，可建模成一个线性条件随即域(linear conditional random field，LCRF) 模型，即

$$\begin{aligned} p(O_{t+1} \mid O_t) &= \frac{1}{Z(O_{t+1} \mid O_t)} \prod_C \psi_c(O_{t+1} \mid O_t) \\ &= \frac{1}{Z(O_{t+1} \mid O_t)} exp(\sum_{x \in X,t} \alpha_t \omega_t(x_t, x_{t+1}) + \sum_{y \in N_{x(t+1),I}} \beta_t \gamma_t(x_{t+1}, y)) \end{aligned} \tag{5.18}$$

该模型中各参数含义如下。

(1) $Z(O_{t+1} \mid O_t)$ 是规范化因子(normalization factor)，即为

$$Z(O_{t+1} \mid O_t) = \sum_{O_{t+1}} \prod_C \psi_C(O_{t+1} \mid O_t) \tag{5.19}$$

(2) C 为模型所对应的概率无向图中的最大团，即为视频序列中时域相邻的两个像素点构成的集合。

(3) $\psi_C(O_{t+1} \mid O_t)$ 为最大团 C 上的一个势，其所有势的积是一个指数函数。

另外，指数函数 $\exp(\sum_{x \in X,t} \alpha_t \omega_t(x_t, x_{t+1}) + \sum_{y \in N_{x(t+1),I}} \beta_t \gamma_t(x_{t+1}, y))$ 中各参数含义如下。

(1) 函数 $\omega_t(x_t, x_{t+1})$ 指代 t 时刻视频序列关键帧的时间域上像素点 x_t 与 x_{t+1} 对该点的语义提取的势，其可通过视频低层特征方法中的灰度模型 $I_t(x)$ 提供数据；函数 $\gamma_t(x_{t+1}, y)$ 指代 t 时刻视频序列关键帧的时间域上像素点 x_t 对下一帧中对应像素点梯度影响的势，其可由视频低层特征方法中的梯度模型 $G_t(x)$ 提供数据。

(2) 参数 α_t 与 β_t 分别对应函数 $\omega_t(x_t, x_{t+1})$ 和 $\gamma_t(x_{t+1}, y)$ 的势权重，其可通过前面的模型参数估计算法进行样本估计。

5.4 视频高层对象语义标注方法

创建完上述视频图像语义特征提取框架中几个基础方法之后，结合贝叶

斯定理，即可推导出最终的高层视频对象语义标注方法，即 $p(O_{t+1} \mid F_{1,\cdots,t+1})$。这个方法能在学习一段视频样本数据的基础上，实现后面视频内容的对象语义标注，其整个过程是由如下基于不等式 Jensen 的模型更新算法来实现的。

模型更新算法(model replace，MR) 伪码如下。

输入：样本

输出：对象语义模型 $p(O_{t+1} \mid F_{1,\cdots,t+1})$

Begin

　While !end

$$
\begin{aligned}
p(O_{t+1} \mid F_{1,\cdots,t+1}) &= \frac{p(O_{t+1} \mid F_{1,\cdots,t})\,p(F_{t+1} \mid O_{t+1})}{p(F_{t+1} \mid F_{1,\cdots,t})} \\
&\propto p(O_{t+1} \mid F_{1,\cdots,t})\,p(F_{t+1} \mid O_{t+1}) \\
&= (\sum_{O_t} p(O_{t+1} \mid O_t)\,p(O_t \mid F_{1,\cdots,t}))\,p(F_{t+1} \mid O_{t+1}) \\
&= (\sum_{O_t} p(O_{t+1} \mid O_t)\,p(O_t \mid F_{1,\cdots,t}))\,p(F_{t+1} \mid O_{t+1}) \\
&\propto \exp(-\sum_{O_t} p(\psi_{I_t(x)}(O_t(x) \mid F_{1,\cdots,t}(x)) + \sum_{y\in N_x}\psi_{G_t(x)}(O_t(x),O_t(y)))) \\
&\quad \cdot \prod_{x\in X}\exp(\sum_{x\in X,t}\alpha_t\omega_t(x_t,x_{t+1}) + \sum_{y\in N_{x(t+1)},t}\beta_t\gamma_t(x_{t+1},y)) \\
&\quad \cdot \prod_{x\in X} N(I_{t+1}(x);\mu_{O_t,t+1},\sigma_{O_t,t+1})\,N(G_{t+1}(x);\mu_{G,t+1},\textstyle\sum_{G_t,t+1})
\end{aligned}
$$

　End While

End

算法 MR 的时间复杂度 $T(N) = O(Ne^N)$。

5.5 实验结果与分析

数据来源：某市街道实际监控视频。

为验证本章所提出的视频语义特征提取方法的有效性，我们结合一段总长约为 30 min 的城市交通道路监控视频进行了实验。

1. 实验数据及环境

这段视频为基于像素域的原始视频数据，尺寸为 320×240。视频内容是宜昌市城市交通道路视频监控系统中一条交通主干道上来往行驶的车及穿行的行人。首先,使用关键帧提取算法将该视频分割成一个长度为1500幅的关键帧序列。由于该视频拍摄的摄像机处于固定状态,因而视频的背景对象较为固定,变化性不大。然后,根据该视频的内容及用途,将视频的对象语义预设成三个概念本体,分别为 $O_{车}$,$O_{人}$ 和 $O_{景}$。

实验系统选用 Microsoft 的 Visual Studio 2010 作为开发工具,并使用 MFC 作为开发基础类库。程序基于中间件 OpenCV2.3.1 完成编写,其运行平台为 Lenovo X201 笔记本电脑。

2. 训练样本与性能评估

本实验选取关键帧序列中前帧作为视频语义提取模型的训练样本,接着300帧作为模型的校验样本,最后200帧视频数据作为测试数据。同时,根据最后的200帧视频测试数据来估计参数 λ 对本视频语义提取方法性能的影响。这里的性能指标选用精确度(pricision)和召回率(recall),其分别定义如下:

$$\text{precision}=\frac{\text{tp}}{\text{tp}+\text{fp}} \tag{5.20}$$

$$\text{recall}=\frac{\text{tp}}{\text{tp}+\text{fn}} \tag{5.21}$$

其中:tp 表示将测试数据中视频对象语义提取为正确的对象语义的数量;fn 表示将测试数据中视频对象语义提取错误的对象语义的数量;fp 表示将测试数据中错误的视频对象语义提取为正确的对象语义的数量。

图 5.2 和图 5.3 分别给出了参数 λ 对精确度和召回率的影响。

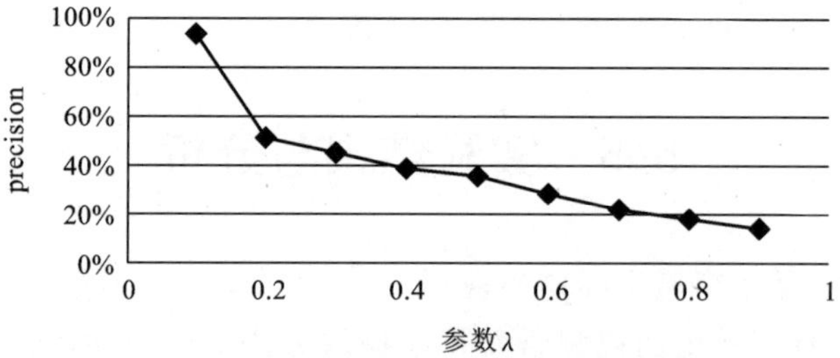

图 5.2 参数 λ 对精确率的影响

3. 实验结果

本实验系统可在对视频中运动车及行人检测与跟踪的基础上,完成视频

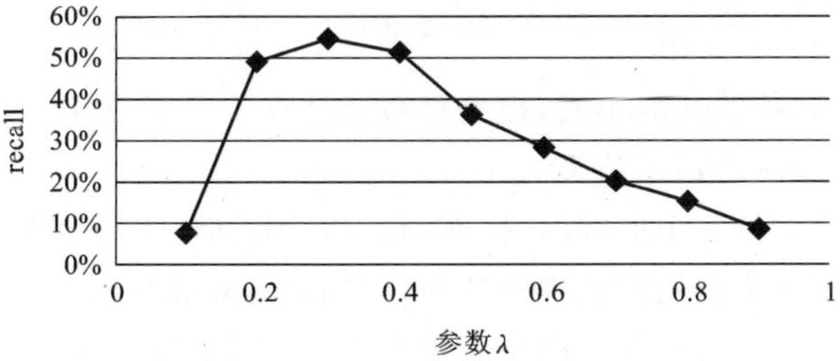

图 5.3　参数 λ 对召回率的影响

对象语义的自动概念本体标注，图 5.4 给出了本实验测试系统的运行界面。

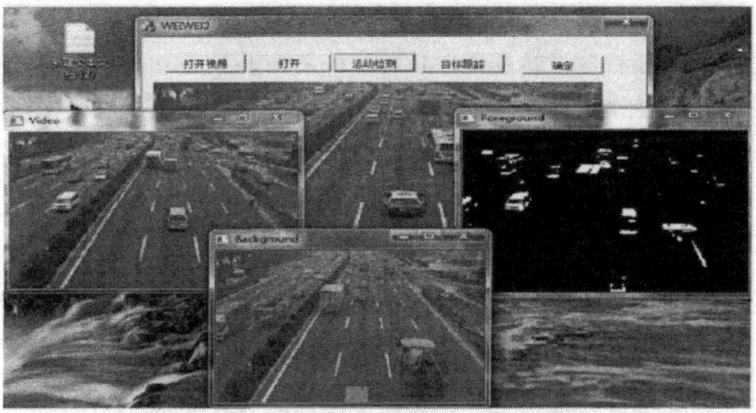

图 5.4　测试系统运行界面

图 5.5 是一个“车”对象概念本体标注结果的示例图。其中，左图为原始彩色视频片断，右图为对该视频片断的灰度处理结果，而中间图则是使用黑白色在右图基础上的概念本体标注结果。

图 5.5　“车”对象概念本体标注结果

在图 5.5 示例中，以其对应的视频帧上全部像素点(320×240)作为对象语义提取的基本测试单元，故其所对应的精确度和召回率分别如下：

$\text{precision}=\frac{19\,200}{19\,200+5\,120}=78.9\%$，$\text{recall}=\frac{19\,200}{19\,200+7\,680}=71.4\%$，这主要是由于样本视频帧的选取不同，模型参数估计有所偏差，从而造成对象语义提取过程中出现少量的错误分类。

另外，图 5.6 是一个追踪多辆“车”语义实体的对象概念本体标注结果示例图。其中，左图为原始彩色视频片断，中间图是对该视频片断中多辆“车”语义实体的跟踪与定位，而右图则是使用黑白色在中间图基础上的概念本体标注结果。

图 5.6　追踪多辆“车”语义实体的对象概念本体标注结果

在图 5.6 中，精确度和召回率相对更低，分别为 $\text{precision}=\frac{9\,600}{9\,600+6\,400}=60.0\%$，$\text{recall}=\frac{9\,600}{9\,600+4\,267}=69.2\%$，这主要是由于在多对象语义的提取过程中，样本视频帧的选取会更大程度地影响到模型参数的估计，从而产生更多的错误分类。

由图 5.5 和图 5.6 结果可见，本章方法在对语义实体跟踪定位同时，能对概念本体进行语义标注。目前在此情形下进行语义提取的其他方法，较难实现其本体构造。我们分析了语义提取的效率，虽然在研究团队成果积累的基础上有效地对视频语义提取的方法与技术进行了实验，但是接下来还需要设计精确度更高，效率更高的方法，并考虑场景和事件语义本体，可以和本章的方法进行比较，以推进本领域研究的突破。

第 6 章　视频图像语义分析

随着本体在多个领域的广泛应用,例如,在视频目标对象提取与表示上就可应用,基于领域本体的语义相似度计算就是其中一个非常重要的问题。本体是对概念模型形式化的、可共享的规范。概念是对对象共性的抽象提取,表达的语义信息更加准确。

本章以本体树状上下层结构为基础,通过对节点密度和语义重合度两个关键因子的计算进行改进,最后加权综合语义距离、节点深度、节点密度、语义重合度 4 个因素来计算语义相似度,通过实验对比分析,与原始经典算法相比,本章计算的语义相似度准确度有了明显提高。

另外本章还给出多层次视频语义提取方法框架,在提取低层特征的基础上,对视频帧内的场景、对象、事件进行相关分析,以提取一个更好的场景。针对视频语义中的对象,加入本体概念和属性关系来增加对象的识别过程,而整个事件语义的分析来自于场景和对象的交互,通过拟定具体的事件模型,然后借助于低层特征和规则定义,对其进行匹配验证。对所提取的特征,引入词向量的概念,加入对象之间的所属关系,来进一步提升提取的精度。

6.1　本体语义相似度计算

目前基于领域本体的语义相似度计算的方法主要是利用本体上下位分层结构进行计算的,其中选取的影响因子分析并不全面,单个影响因子计算结果不够接近真实的相似度值。本节对关联节点密度影响因子计算中大于 1 的情况进行了改进,并在语义重合度基础上增加了每个祖先节点的权值,综合考虑了语义距离、节点深度、节点密度和语义重合度,提出了一种新的领域本体概念语义相似度计算算法,并通过实验对比与分析验证了算法的单个影响因子值和综合的语义相似度值具有较高的准确度。

本体是一种能够在语义层面描述对象的概念模型,它通过将相关领域词汇的共性抽取出来,形成基本概念和关系,能够很好地描述概念以及概念之间的关系，成为计算机可以理解的语言，为语义相似度的计算提供了基础[127-128]。这里所指的概念跟通常的概念有所不同，通常的概念是对某个对象下定义，对其进行解释，概念表达的形式通常是一句或者一段描述。而这里的概念是对对象的抽象提取，表达的形式通常是一个词或者一组词。

目前，传统的语义相似度计算的基本方法有 3 种，分别是基于语义距离[129]、信息量[130-131]和概念属性[132-133]进行计算的。随着研究的深入，很多学者对语义相似度的计算进行了改进。赵永金等[134]在原有本体语义计算算法的基础上，增加了节点密度，并改进了概念属性因素的影响，提出了一个更为规范的相似度计算方法；赵捧未等[135]在构建的领域本体中，综合考虑语义距离、概念属性和信息量多种影响因素，计算语义相似度；刘紫玉等[136-137]提出了计算语义相似度的 MD4 模型，综合考虑概念属性、上下位语义结构关系实力特征对语义相似度的影响，得出领域本体概念相似度的计算算法；崔其文等[138]基于领域本体的树状层次结构，从语义距离、语义重合度、语义深度、语义密度和概念属性几个角度进行讨论，并优化了领域本体概念语义相似度的计算方法；张兰芳[139]在文献[134]的基础上对节点密度、节点深度与层次顺序等因素的影响进行了改进，利用本体对相关领域的基本术语和关系的准确定义，改进了基于本体的概念间语义相似度的算法；Batet，Sánchez，Valls 利用两个概念的非公共祖先节点来计算两个概念的语义相似度。

本章的主要研究：①对节点密度影响因子计算结果不在有意义值范围内的情况进行改进；②在现有的计算方法中只考虑两个节点公共祖先节点的个数，计算显粗略，本文在语义重合度基础上增加了每个祖先节点的权值，改进了语义重合度影响因子的计算方法；③综合考虑语义距离、节点深度、节点密度和语义重合度 4 个因素，提出了一种基于本体上下位分层结构关系计算语义相似度的新方法。

6.1.1 传统的语义相似度计算算法

本章相似度计算的影响因子主要选取为语义距离、节点深度、节点密度和语义重合度，将从这 4 个方面分析目前已有的语义相似度计算中影响因子的计算方法。

1. 语义距离的计算

该算法的基本思想是把领域本体中的所有有向边均看作 1，然后将两个概念节点之间有向边数量的总数作为两个节点之间的语义距离。语义距离因子的计算必须满足两个概念节点的语义距离越大，两个概念的语义相似度越小的条件。最后，可以得出基于语义距离的概念相似度计算的公式：

$$\text{distance\_sim}(A,B)=\frac{2\times(H-1)-L}{2\times(H-1)} \tag{6.1}$$

其中：H 为领域本体树状结构的最大深度；L 为概念 A 和 B 之间的语义距离，即 A 和 B 之间的有向边数量。该计算模型可以简单地反映出，如果两个概念之间的距离越远，它们之间的语义相似度就越小；反之，则越大。

2. 节点深度的计算

在领域本体树状结构图中，深度大的概念节点是深度小的概念节点的细化，表达的意思更加具体。而深度小的概念节点是深度大的概念节点的抽象，表达的意思也更加抽象。显然，表达具体的概念节点之间的语义相似度要大于抽象的概念节点之间的语义相似度，所以同一个父节点的子节点，深度大的概念节点之间的语义相似度大于深度小的语义相似度。基于节点深度的计算概念节点之间的语义相似度的公式为

$$\text{depth\_sim}(A,B)=\frac{2\times N_{\text{LCS}}}{N_A+N_B+2\times N_{\text{LCS}}} \tag{6.2}$$

其中：N_A 和 N_B 分别表示概念 A 和概念 B 到最近公共祖先节点之间的有向边的数量；N_{LCS} 表示概念 A 和概念 B 的最近公共祖先节点（least common subsumer，LCS）到根节点之间的有向边数量。

3. 节点密度的计算

在领域本体树状结构图中，有些区域的兄弟节点密集，则说明这些子节点对父节点的细化程度越大，语义也就越相近，子节点之间的语义相似度就越大。因此，基于概念节点密度计算概念节点之间的语义相似度的公式为

$$\text{density\_sim}(A,B)=\frac{\text{wid}(A)+\text{wid}(B)}{2\times\max(\text{wid}(\text{Tree}))} \tag{6.3}$$

式(6.3)在两个相同节点计算相似度时，结果不确定为 1，因此又存在如下改进的计算方法：

$$\text{density\_sim}(A,B)=\frac{2\times\text{wid}(\text{LCS})}{\text{wid}(A)+\text{wid}(B)} \tag{6.4}$$

式(6.3)～式(6.4)中，LCS 表示两个概念的 LCS，wid(A)表示概念 A 的兄弟节点个数（包括自身节点），max(wid(Tree))表示本体概念树中各节点最大的密度值。

4. 语义重合度的计算

两个概念节点之间的公共祖先节点表示两个概念具有一定程度的相似性，是两个概念所有的共性的表达。因此，公共祖先节点的个数在某种意义上可以用来说明两个概念节点之间的相似度大小，公共祖先节点个数越多，说明两个概念之间的相似度越大。最后，两个概念的语义重合度表示公式为

$$\text{coincidence\_sim}(A,B)=\frac{|T_A \cap T_B|}{|T_A \cup T_B|} \tag{6.5}$$

6.1.2 新的语义相似度计算算法

1. 关键影响因子的改进

1) 节点密度因子的改进

上述节点密度计算的两个公式均存在一定的弊端，式(6.3) 只关注了被比较概念的兄弟节点个数，而真正节点密度的影响是局部的，不是单独的概念个体，而且当计算两个相同节点的相似度时，结果不是确定为 1。式(6.4) 在计算两个节点相似度时会出现大于 1 的情况，显然是不正确的。综上所述，对于节点密度而言，还需考虑两个概念的最近公共祖先节点的密度，计算公式如下：

$$\text{density\_sim}(A,B)=1-\frac{|2\times \text{wid}(\text{LCS})-\text{wid}(A)-\text{wid}(B)|}{\max(\text{wid}(\text{Tree}))} \tag{6.6}$$

其中：LCS 表示两个概念的最近共同祖先节点；wid(A) 表示概念 A 的兄弟节点个数(包括自身节点)；max(wid(Tree)) 表示本体概念树中各节点最大的密度值。

(2) 语义重合度因子的改进

在式(6.5) 中，简单计算两个概念的共同祖先节点个数得到的语义重合度是很粗糙的，事实上每一个公共的祖先节点对两个概念的语义重合度的贡献值是不同的。距离两个概念越近的公共的祖先节点，对两个概念的语义重合度贡献值越大，反之，贡献值越小。基于上述基础可以得出，两个概念的语义重合度主要与两个因素有关，一个是公共祖先节点的个数，另一个就是每个公共祖先节点到对两个概念语义重合度的贡献值，即公共祖先节点到两个概念的距离之和。

两个节点的距离计算中，如果一个概念是另一个概念节点的祖先节点，那

么两个概念之间的距离可以用两者的深度差来表示。为计算简单，这里计算两个概念到祖先节点的距离用深度差来表示。如果两个概念节点分别是 A 和 B，C 是两个概念的公共祖先节点，那么两个概念 A，B 到祖先节点 C 的距离之和可以表示为 $\mathrm{Dep}(A)+\mathrm{Dep}(B)-2\times\mathrm{Dep}(C)$。按照上述描述可知，如果距离之和越大，即 $\mathrm{Dep}(A)+\mathrm{Dep}(B)-2\times\mathrm{Dep}(C)$ 越大，概念 C 对 A，B 语义重合度的贡献值越小。因此，用

$$1-\frac{\mathrm{Dep}(A)+\mathrm{Dep}(B)-2\times\mathrm{Dep}(C)}{\mathrm{Dep}(A)+\mathrm{Dep}(B)} \quad \text{即} \quad \frac{2\times\mathrm{Dep}(C)}{\mathrm{Dep}(A)+\mathrm{Dep}(B)}$$

来表示概念 C 对两个概念语义重合度的贡献值。然后，按照同样的方法求出所有公共祖先节点的贡献值，最后将其相加，得出所有公共节点的贡献值之和。

上面分析了两个概念节点的公共祖先节点的贡献值之和，除了公共祖先节点的影响，非公共祖先节点对两者的相似度也有影响，非共享的祖先节点个数越多，两者的相似度就越小。两个概念的祖先节点的并集，可以分为两部分，一部分为公共祖先节点，另一部分为非公共祖先节点。而非公共祖先节点又可以分为两种，一种是概念 A 的祖先节点不是概念 B 的祖先节点，另一种是概念 B 的祖先节点不是概念 A 的祖先节点。两种非公共的祖先节点分别计算对概念 A 和概念 B 语义的贡献值，依然是距离越大，贡献值越小。通过上面推理，可以得出祖先节点 C_A 对 A 的贡献值为

$$1-\frac{\mathrm{Dep}(A)-\mathrm{Dep}(C_A)}{\mathrm{Dep}(A)}, \quad \text{即} \quad \frac{\mathrm{Dep}(C_A)}{\mathrm{Dep}(A)}$$

祖先节点对 B 的贡献值为 $\frac{\mathrm{Dep}(C_B)}{\mathrm{Dep}(B)}$。

根据以上描述，最后得出两个概念节点之间的语义重合度计算公式为

$$\text{coincidence\_sim}(A,B)=\frac{\sum\limits_{C\in T_A\cap T_B}F_{A,B}(C)}{\sum\limits_{C\in T_A\cap T_B}F_{A,B}(C)+\sum\limits_{C_A\in T_A-T_B}F_A(C_A)+\sum\limits_{C\in T_B-T_A}F_B(C_B)} \tag{6.7}$$

$$F_{A,B}(C)=\frac{2\times\mathrm{Dep}(C)}{\mathrm{Dep}(A)+\mathrm{Dep}(B)} \tag{6.8}$$

$$F_A(C_A)=\frac{\mathrm{Dep}(C_A)}{\mathrm{Dep}(A)} \tag{6.9}$$

$$F_B(C_B)=\frac{\mathrm{Dep}(C_B)}{\mathrm{Dep}(B)} \tag{6.10}$$

其中：T_A 和 T_B 分别表示概念 A 和概念 B 的祖先节点的集合（包括自身节点在内）；$F_{A,B}(C)$ 表示概念 A、B 的公共祖先节点 C 对两个概念语义重合度的

贡献值；$T_A - T_B$ 表示集合 T_A 有而集合 T_B 没有的节点的集合；$F_A(C_A)$ 表示概念 A 的祖先节点 C_A 对 A 的语义贡献值。

由于语义重合度属于概念之间相似程度的一种描述，所以与语义相似度的数值区间一样为[0,1]，语义重合度从一定程度上完善了语义相似度需要考虑的因素。

2. 新的领域本体相似度计算算法

根据上述多个影响因子的分析，可以给出语义相似度计算的公式：

$$\text{semantic\_sim}(A,B) = \alpha \cdot \text{distance\_sim}(A,B) + \beta \cdot \text{depth\_sim}(A,B) + \gamma \cdot \text{density\_sim}(A,B) + \varphi \cdot \text{coincidence\_sim}(A,B) \tag{6.11}$$

其中：$\alpha,\beta,\gamma,\varphi$ 分别是语义距离、节点深度、节点密度和语义重合度的影响权重值，取值在[0,1]内，且满足条件 $\alpha+\beta+\gamma+\varphi=1$。通过调节 4 个参数，能够更加合理地应用于不同领域的语义相似度计算，这 4 个参数是经验值，具体值的选取参看本章实验部分。

3. 新的领域本体概念语义相似度计算算法

新的领域本体概念语义相似度计算算法如下。

Input：本体树状图 ontology，被比较概念 A，B
Output：概念 A 和 B 之间的语义相似度 Semantic_sim(A，B)

Begin
1. 计算语义距离因子
   L ← distance(A,B)　// 概念 A,B 的距离
   H ← max_deep(ontology)　// 本体树状结构的最大深度 H
   $\text{Distance\_sim}(A,B) = \dfrac{2\times(H-1)-L}{2\times(H-1)}$　// 计算语义距离因子
2. 计算节点深度因子
   LCS ← LeastCommonSubsumer(A,B)　// 概念 A，B 的最新祖先节点 LCS
   N_A ← depth(A)-depth(LCS)　// 计算概念 A 到 LCS 的距离
   N_B ← depth(A)-depth(LCS)　// 计算概念 B 到 LCS 的距离
   N_{LCS} ← depth(LCS)-depth(root)　// 计算概念 LCS 到根节点距离
   $\text{Depth\_sim}(A,B) = \dfrac{2\times N_{\text{LCS}}}{N_A + N_B + 2\times N_{\text{LCS}}}$　// 计算节点深度因子

---

3. 计算节点密度因子

Wid(A) ← childNumberOf(A. parent)　　// A 的密度为父节点的孩子节点个数

Wid(B) ← childNumberOf(B. parent)　　// 概念 B 的密度 Wid(B)

Wid(LCS) ← childNumberOf(LCS. parent)　　//A 和 B 的最近公共祖先节点

Max(wid(Tree)) ← max_width(ontology)　　// 本体树的最大密度

$$\text{Density\_sim(A,B)} \leftarrow 1 - \frac{|2\times \text{wid(LCS)} - \text{wid(A)} - \text{wid(B)}|}{\text{max(wid(Tree))}}$$

// 计算节点密度

4. 计算语义重合度因子

确定 A 的祖先节点集合 T_A

$T_A \leftarrow \{A\}$

concept ← A

While concept ! = root

do

{

concept ← concept. parent　　// 把当前节点的父节点赋值给 concept

$T_A \leftarrow T_A \cup \{\text{concept}\}$　　// 把 concept 节点的加入到集合 T_A 中

}

$$F_{A,B}(C) \leftarrow \frac{2\times \text{Dep}(C)}{\text{Dep}(A)+\text{Dep}(B)}$$

// 概念 A,B 的公共祖先节点 C 对两个概念语义重合度的贡献值

$$F_A(C_A) \leftarrow \frac{\text{Dep}(C_A)}{\text{Dep}(A)}$$

// 概念 A 的祖先节点 C_A 对 A 的语义贡献值

$$F_B(C_B) \leftarrow \frac{\text{Dep}(C_B)}{\text{Dep}(B)}$$

// 概念 B 的祖先节点 C_B 对 B 的语义贡献值

$$\text{Coincidence\_sim}(A,B) = \frac{\sum_{C\in T_A\cap T_B} F_{A,B}(C)}{\sum_{C_A\in T_A\cap T_B} F_{A,B}(C) + \sum_{C_A\in T_A-T_B} F_A(C_A) + \sum_{C_B\in T_B-T_A} F_B(C_B)}$$

// 计算语义重合度因子

$$\text{Semantic\_sim}(A,B) = \alpha\text{distance\_sim}(A,B) + \beta\text{depth\_sim}(A,B) + \gamma\text{density\_sim}(A,B) + \varphi\text{coincidence\_sim}(A,B)$$

// 计算语义相似度,α,β,γ,φ 是调节因子

End

本章相似度计算算法满足以下特点。

(1) 语义相似度计算值在[0,1]内，而且对于相同节点计算相似度值时，保证计算结果始终为 1。

(2) 算法不仅保证了整体语义相似度值的特性，同时也保证了各个影响因子的计算值也在[0,1]内，对于相同节点计算相似度值时，各个影响因子本身值也始终为 1，这是许多算法不能同时保证的特性。

6.1.3 实验结果与分析

1. 实验环境

领域本体概念语义相似度计算原型系统以 Java 语言编程实现。实验软件环境为：操作系统 Windows7；开发平台 Eclipse；本体建模工具 Protege4.0；本体库接口 ProtegeAPI。实验数据：实际监控数据。视频图像本体示例，如图 6.1 所示。在本实验中，根据经验值设定调节因子参数，$\alpha,\beta,\gamma,\varphi$ 的值分别为 0.1,0.04,0.06,0.8。

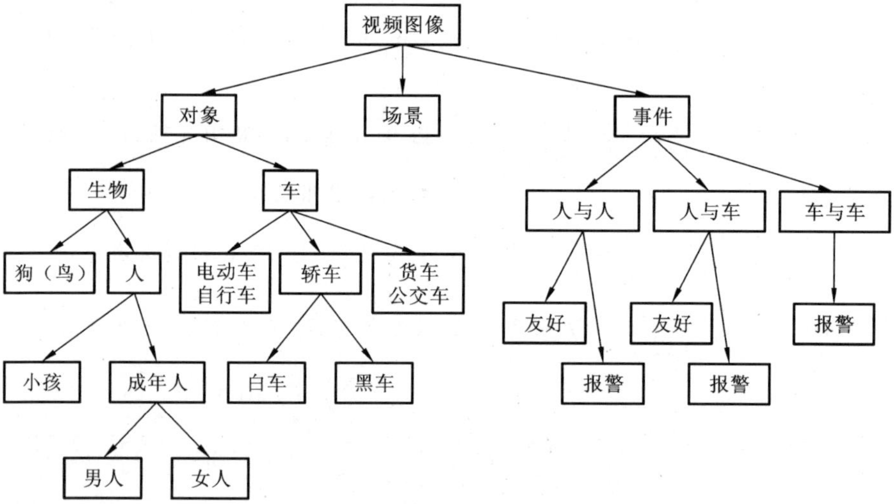

图 6.1 视频图像本体示例

2. 实验结果

本章算法综合了语义距离、节点深度、节点密度和语义重合度 4 个因素，并对节点深度和语义重合度两个关键因子进行了改进。将本实验结果与两种经典算法的语义相似度结果分别与专家经验值进行对比。本章使用的专家经验值是根据多位相关领域的专家给出相似度值进行加权平均得出的。

本实验遵循的检验方式：每个关键因子的结果值越接近专家给出的语义相似度值，说明关键因子计算的方法越有效；最后加权综合的结果值越接近专家的语义相似度值，说明语义相似度计算方法越有效。

1) 改进的关键因子实验结果对比分析

(1) 节点密度的对比。表 6.1 和图 6.2 显示了本章节点密度计算方法与式(6.3)和式(6.4)的比较结果，其中式 (6.3) 和式 (6.4) 是多种计算语义相似度算法中用来计算节点密度因子时使用的公式，文献[138]和文献[120]的节点密度计算分别使用了式 (6.3) 和式 (6.4) 的计算方法。对于节点密度单个因素来说，有三个要求：①两个概念的节点密度影响值越接近专家的语义相似度值计算效果越好；②同时对两个相同节点计算节点密度值时，值要始终为 1；③两个节点的节点密度值必须在[0,1]内，不能超出 1。

表 6.1　节点密度实验结果对比表

对比序号	比较概念本体	式(6.3)	式(6.4)	本章节点密度	专家经验值
1	小孩和狗(鸟)	0.8	1.2	0.6	0.2
2	成年人和小孩	0.9	0.7	1.0	0.6
3	成年人和狗(鸟)	0.7	1.2	0.6	0.2
4	男人和女人	1.0	1.1	1.0	0.9
5	人 电动车和(自行车)	0.5	1.5	0.6	0.2
6	人和轿车	0.4	1.5	0.5	0.1
7	人和货车(公交车)	0.3	1.5	0.5	0.1
8	人和车	0.4	1.5	0.5	0.1

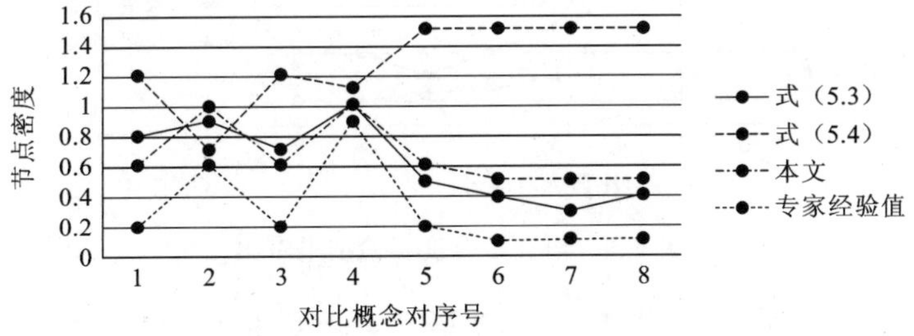

图 6.2　节点密度实验结果对比

由表 6.1 和图 6.2 可以看出，本章的节点密度计算相对于式（6.3）来说，虽然两个计算结果基本相近，但式（6.3）在计算相同节点的节点密度时，常有结果不为 1 的情况，而本章的节点密度计算公式能够控制同一个节点计算值始终为 1。相对于式（6.4）来说，不仅计算值更接近专家经验值，而且解决了式（6.4）计算结果超出 1 的问题，控制了节点密度影响值的范围在[0,1]内。

（2）语义重合度的对比。表 6.2 和图 6.3 显示了本章语义重合度与式（6.5）的比较结果，其中式（6.5）的语义重合度计算被多种语义相似度计算方法引用，文献[138]和文献[141]的语义重合度计算均使用了式（6.5）的计算方法。

表 6.2 语义重合度实验结果对比表

对比序号	比较概念本体	式(6.5)	本章重合度	专家经验值
1	小孩和狗(鸟)	0.4	0.14	0.21
2	成年人和小孩	0.75	0.43	0.65
3	成年人和狗(鸟)	0.4	0.14	0.21
4	男人和女人	0.8	0.9	0.85
5	人和电动车(自行车)	0.4	0.19	0.19
6	人和轿车	0.3	0.16	0.15
7	人和货车(公交车)	0.2	0.14	0.12
8	人和车	0.3	0.1	0.1
9	生物和车	0.25	0.1	0.1

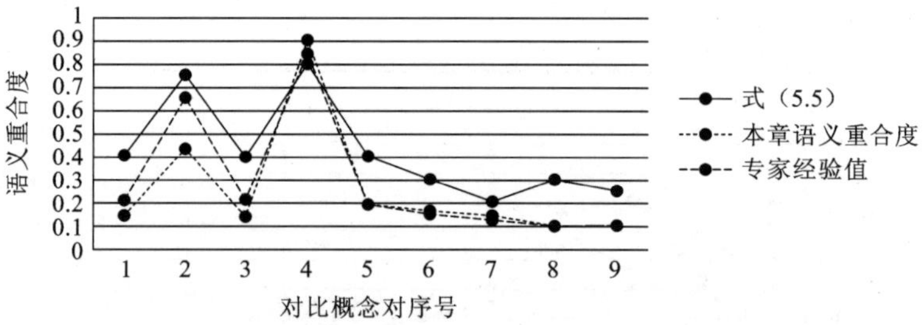

图 6.3 语义重合度实验结果对比

由表 6.2 和图 6.3 可以看出，本章语义重合度的计算值比式（6.5）更加接近最终专家经验值的语义相似度结果值，说明本章改进的语义重合度计算方法相对更优。由表 6.2 中可以看出，本章计算方法中的第 2 组(成年人和小孩)和第 3 组(成年人和狗)与专家经验值偏离相对较大,这是因为计算的值只是语义重合度因子的影响值,这两组概念的相似度值可能受语义重合度影响因子以外的因子影响较明显,比如语义距离、节点深度等,所以导致重合度计算的影响值与最终的语义相似度值产生偏差。

2) 语义相似度实验结果对比分析

表 6.3 和图 6.4 显示了本章的语义相似度计算值与目前两种比较好的算法进行对比的结果,算法 1 的结果来自于文献[134],算法 2 的结果来自于文献[139],实验结果对比如表 6.3 所示。

表 6.3　语义相似度实验结果对比表

对比序号	比较概念本体	算法 1	算法 2	本章节点密度	专家经验值
1	小孩和狗(鸟)	0.19	0.46	0.21	0.20
2	成年人和小孩	0.40	0.57	0.48	0.60
3	成年人和狗(鸟)	0.19	0.46	0.21	0.20
4	男人和女人	0.40	0.57	0.58	0.60
5	人和狗(鸟)	0.16	0.44	0.25	0.19
6	人和车	0.26	0.52	0.26	0.15
7	轿车和货车(公交车)	0.37	0.58	0.50	0.60
8	轿车和电动车(自行车)	0.33	0.54	0.55	0.50

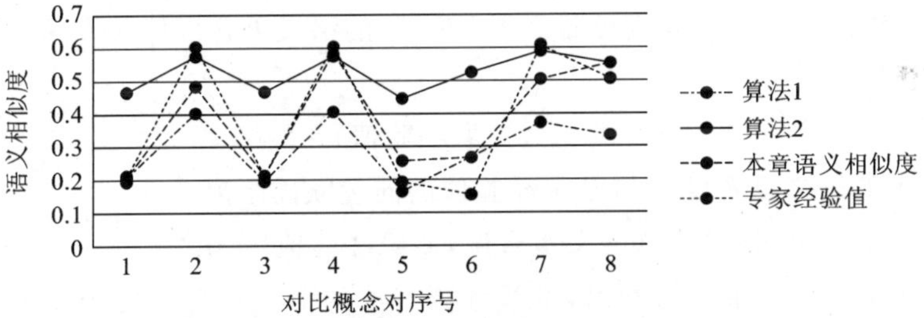

图 6.4　语义相似度实验结果对比

根据以上分析,可以得出:①本章的算法不仅保证了语义相似度计算结果的范围在[0,1]内,并且保证了各个影响因子的计算结果也在[0,1]内;②本章的算法与目前比较好的算法比较,有较高的准确度,结果值更加接近专家经验值。

3) 准确度度量

为验证本章中算法的准确度，在这里采用向量欧氏距离来衡量结果的准确度。这里，把每个算法计算的 8 组概念的相似度看成 1 个向量。例如，专家经验值向量可以表示为 $\boldsymbol{V}_{专家值}=\{0.20, 0.60, 0.20, 0.60, 0.19, 0.15, 0.60, 0.50\}$，这样会得到 4 个八维向量。本章算法对节点密度和语义重合度做了一定的改进，使 2 个因子的计算结果更加接近最后的真实值，在这里分别用向量欧氏距离公式来计算节点密度因子、语义重合度因子及最后的语义相似度的值同专家经验值向量的欧氏距离，结果越小说明越接近专家经验值，计算结果越好。计算公式如下：

$$\mathrm{dist}(X,Y)=\sqrt{(x_1-y_1)^2+(x_2-y_2)^2+\cdots+(x_n-y_n)^2} \tag{6.12}$$

（1）节点密度准确度度量。式（6.3）的节点密度值与专家经验值的向量欧氏距离

$$\mathrm{dist}(式_{(6.3)}, 专家经验值)=1.32$$

式（6.4）的节点密度值与专家经验值的向量欧氏距离

$$\mathrm{dist}(式_{(6.4)}, 专家经验值)=2.15$$

式（6.6）的节点密度值与专家经验值的向量欧氏距离

$$\mathrm{dist}(本章节点密度, 专家经验值)=1.21$$

从上面 3 个计算结果可以看出，本章计算方法的节点密度值与专家经验值的欧氏距离最小，所以本章的节点密度单个因子值的准确度有了一定的提高。

（2）语义重合度准确度度量。式（6.5）的语义重合度值与专家经验值的向量欧氏距离

$$\mathrm{dist}(式_{(6.5)}, 专家经验值)=0.65$$

式（6.7）的语义重合度值与专家经验值的向量欧氏距离

$$\mathrm{dist}(本章语义重合度, 专家经验值)=0.25$$

从上面两个计算结果可以看出，本章计算方法的语义重合度值与专家经验值的欧氏距离最小，所以本章的语义重合度值的准确度有了一定的提高。

（3）语义相似度准确度度量。算法 1 与专家经验值的向量欧氏距离

$$\mathrm{dist}(算法1, 专家经验值)=0.31$$

算法 2 与专家经验值的向量欧氏距离

$$\mathrm{dist}(算法2, 专家经验值)=0.48$$

本章算法与专家经验值的向量欧氏距离

$$\mathrm{dist}(本章算法, 专家经验值)=0.12$$

从上面 3 个计算结果可以看出，本章计算方法与专家经验值的欧氏距离最小，所以本章改进后的算法准确度有了一定的提高。

6.2　多层次视频语义分析方法研究

针对视频图像语义分析，文献[70]给出了便于从视频低层特征向高层调整映射的视频对象表示的本体方法。

给定一段视频，其中存在的实物对象的实体语义所构成的一个随机域，称为视频对象语义域。由于本章对视频中实物对象的语义描述主要基于概念本体来表征，因而视频对象语义域也称为视频对象本体域，即高层对象语义标注本体域，其表示为集合 $O=\{O_i \mid i\times N\}$，其中 O_i 表示本体域中具体的元素，如“车”“人”等概念。例如，t 时刻视频关键帧序列的视频对象本体域可表示为 O_t，若令 x 为 t 时刻视频关键帧 K_t 上一个像素点，则其对应的本体域可标注为 $O_t(x)$，若令 s 为 t 时刻视频关键帧 K_t 上若干空间相邻像素点所构成的实物对象区域，则其对应的本体域可标注为 $O_t(s)$。在实际分析计算中，视频对象本体域中的元素将会量化为具体的向量值，例如，本体域的元素“车”，可表示成一个概念本体向量 $O_{车}$。

给定一段视频，其低层像素点的相关图像特征构成的一个随机域，称为视频低层特征域，也称为视频关键帧域，其表示为 F。例如，t 时刻视频关键帧的低层特征域可表示为 F_t，其具体到该关键帧上某一个像素点 x 所对应的低层特征可表示为随机向量 $F_t(x)$。

视频关键帧序列中低层的每一像素点将被映射为高层的对象语义，并以对象概念本体的形式表征。例如，假设 x 为视频序列中 t 时刻关键帧域 F_t 一个像素点，它将根据视频语义提取方法的语义映射，被标注为高层的具体对象本体 $O_t(x)$。又如，若 x 呈现为该时刻视频关键帧中语义概念“车”的低层像素点，则 $O_t(x)$ 被量化为“车”的概念本体向量 $O_{车}$。

由于视频图像中组成因素的对样性以及关联的复杂性，如场景、对象及事件，当用本体对视频中提取的因素进行表示时，就存在准确度的问题。

如何从语义的角度获取各个层次、对象属性之间的关系以及如何度量对象属性之间的相似性是研究方法和研究工作的基础，其中还包括如何得到事件内容来获取整个视频所反映的语义信息。

本章对于视频的语义分析采用以下几个步骤。首先，为提取视频帧中的对象，对视频的场景进行分析[142-143]、去阴影、建立背景模型、获取前景区域并进行场景分类，这就是场景分析工作；其次，进行对象分析，提取对象的特征信息，对对象进行识别、分类和简单跟踪；最后，将提取的场景对象特征信息与预先定义的特殊事件行为的模型参数进行匹配，依照匹配的程度来判断视频中是否发生相关的事件，用来做特殊事件检测。本章的研究将会针对视频中具体的若干实例进行事件语义分析。

视频语义本身具有表达的多义性和不定性，解决此问题需要建立合理的视频语义描述规则和关联结构，能够表达特征关联和语义关联；对多特征、多层次的复杂视频语义内容提取时，是通过建立关联规则进行推理来实现语义概念的生成，通过三个层次之间的相互联系，形成整个视频的语义信息，并对其进行标注。本章提出一种多层次的视频语义特征提取方法，整个方法可以实现视频语义的概念本体的自动提取，并为语义检索提供支持。该方法的主要思想以多层视频语义形式化表示为基础，从三个层次表达整个视频帧的语义信息。此外，通过标记视频对象本体来检查这些算法的有效性，并通过多组匹配实验来验证整个多层次方法的有效性。结合特定的研究数据，提出的方法可以提高视频语义特征提取的准确率。

6.2.1　多层次视频语义提取框架

视频语义概念包括场、对象和事件类别。本章着重于视频中的这些组成因素的相关概念，其中视频对象指的是视频帧里对象的物理实体表示。设定三个层次：场景，对象和事件。场景包括白天和黑夜，城市和乡村等。对象包括汽车、人、动物、车道和桥梁等。事件是关于对象的关系，如汽车碰撞和交通事故等。首先，为更好地提取对象，需要对场景进行很好的分析识别，这也能为后面的事件语义提供一定的基础，针对场景分析，主要就是要前景检测，背景分离等；在场景分析的基础上，对于对象检测加入本体概念，用本体表示视频图像的组成因素。文献[70]已构建了关于条件随机域的视频语义提取框架。

本章研究监控视频所具有的层次化的结构，在一个视频帧中，场景必不可少的是重要背景信息，场景里又包含许多对象，每个对象有其独有的属性特征，对象之间的交互行为又构成视频事件。而视频事件反映目标运动，如车辆行驶或行人行为等事件。视频时间分析，旨在对事件中含有的语义概念模式进行语义分析，描述运动目标的特征，并分析与高层语义概念间的关系。针对监控视频的层次特点，其语义提取框架如图 6.5 所示。

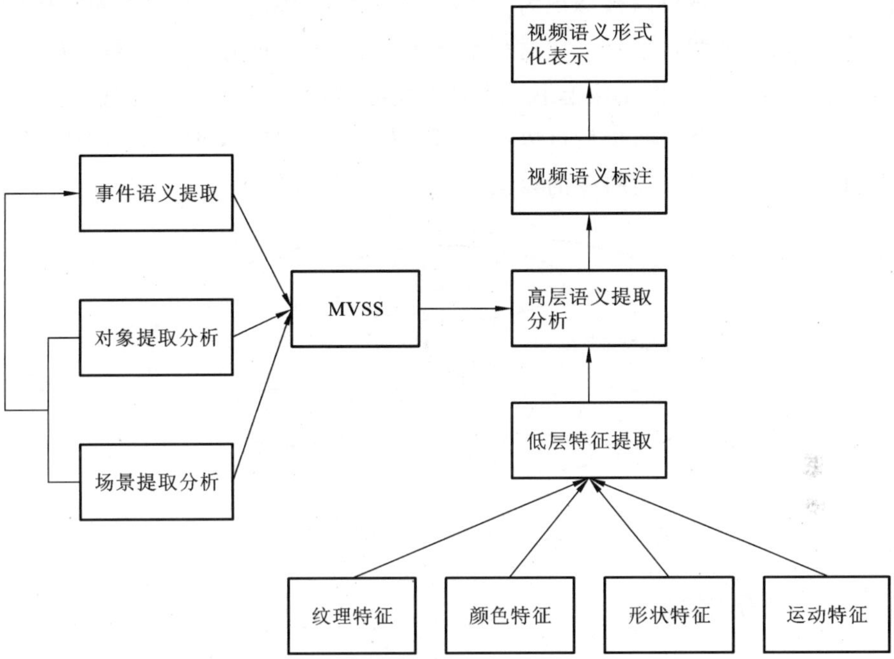

图 6.5　多层次视频语义提取框架

6.2.2　场景分析

场景的语义分析是对所要针对的监控视频的整体分析和理解，场景分析研究的基础是对视频帧全局信息的把握和研究。通常认为目标分析是场景分类的基本任务，通过对场景中的目标进行有效的分析才能从得到的信息中进行场景的整体认知。对于监控视频，全局信息对场景分类有至关重要的作用，会直接影响到对视频帧信息的认知理解，场景的正确判断给视频帧图像的局部分析提供了合理的上下文约束机制。针对监控视频背景相对固定，常用视觉背景提取模型。采用固定阈值分割前景和背景像素对场景适应性不强[144]，因此可用前面提出的改进的 ViBe 算法 SV 来解决这个问题。

视频语料库是存储视频的三个级别信息的空间。场景语料库称为 B，其中包括若干成员称为 $B_i\{i\in N\}$，对象语料库称为 O，每个成员称为 $O_j\{j\in N\}$，事件调用称为 E，成员调用称为 $E_k\{k\in N\}$。事件将显示视频中发生了什么。对于对象使用本体以及属性特征来表达语义信息。时间 n 处的视频帧序列的视频对象可以表示领域本体 O_n。因此,如果在时间 t,x 是视频帧像素,则对应的本体区域可以被标记为 $O_n(x)$,将每个视频帧定位到多层对象图中,每个视频帧包含背景信息。在这种情况下,在对象之间存在许多对象和确定的关联,演变为该事件在该上下文中是否发生,如图 6.6 所示。对每个级别进行标记,根据层次结构,最后可以得到所谓的语义信息,这些标签对应于语料库的语义元素。每个语料库的语义信息对应一个词向量[145]。

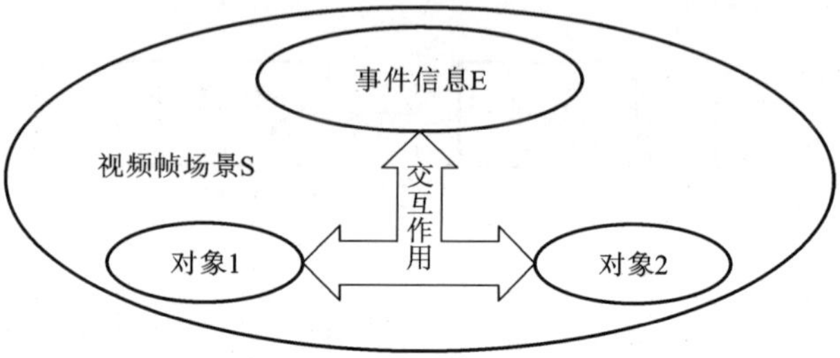

图 6.6　视频的多层语义信息关系

1. 场景分析方法

基于监控视频,单独视频帧背景信息都是静态的,需要从视频帧序列图像中将实际的背景区与变化区域进行分离。在背景相对静止的情况下进行目标对象检测的方法有很多种,如背景干扰小噪声的消除、帧间差分法、背景差分法、光流法、混合高斯模型、码本模型,外加一些基于这些方法的延伸,如三帧、五帧差分等。场景提取整个过程主要包括前景检测、背景建模,进而方便后续的目标对象分析提取。背景差分法将视频序列分别与建立的背景模型比较检测出目标,检测精度高,能够实现实时处理,是目前最常用的方法。背景差分法的核心是背景模型的建立与更新,以适应复杂场景的动态变化。经典的背景模型有高斯混合模型、码本模型等。场景分析过程如图 6.7 所示。

视频帧预处理是很重要的一步,主要有感兴趣点标定、颜色空间转换和降维处理,这样可以压缩数据,减少存储,大大减少计算时间。背景建模是背景减除法的核心。外界环境因素影响光线变化,导致视频帧背景图像可能会不断变化,需要对背景模型进行更新以适应环境变化,通常外界中会有各种各样的干扰等,例如,前后帧的树木因风而摆动,就不应该被视为前景目标。这一过程可用本章前面提出的改进的 ViBe 算法 SV 进行。

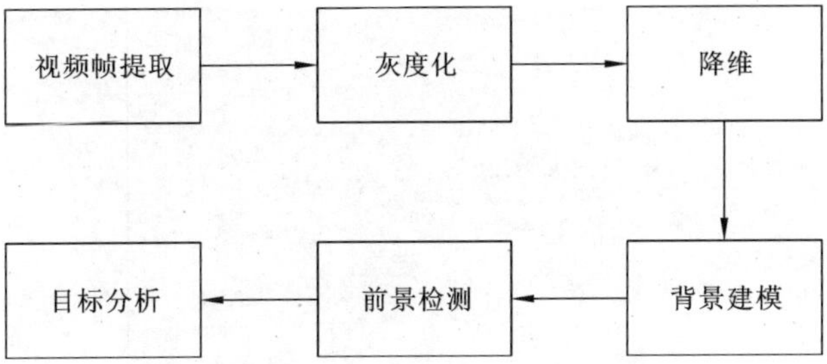

图 6.7　场景分析过程

前景检测的目的是检测出属于运动目标的前景点。一般情况下视频初始化时会有一段时间的学习过程，通过一定量的样本为每一个像素建立一个背景模型，然后判断当前帧的第一个像素是否和这个背景模型匹配，匹配算法一般是计算对应点像素典型值的绝对差值，由绝对差值反映该像素点和背景点的符合程度，用于判断是否是背景点，同时可以通过设定阈值提高容错度。经过前景检测得到的前景区域也并非一定是真正的运动目标，有一些可能是噪声，所以有必要对前景图像进行后处理，后处理过程仅参考图像中对应运动目标的像素区域，因此运动目标的正确检测对视频语义检索有很重要的作用。

去除噪声的主要作用是使运动目标的区域更加完整。对场景监控来讲，针对噪声的鲁棒性和适应光照变化的能力则是其基本需求。必须适应于平缓或快速的光照变化、运动变化、复杂的背景以及背景的变化，能迅速将不变背景更新到当前状态。每个像素属于前景模型的参数是可以调整的。

2. 实验结果与分析

用前面提出的改进的 ViBe 方法 SV 对所研究的视频帧进行前景检测和背景分析。背景差分法的核心是背景模型的建立和更新，以适应复杂场景的动态变化。经典的背景模型有高斯混合模型、帧差法、码本模型(codebook, CB)。图 6.8 与图 6.9 为对比实验结果。

由图 6.8 和图 6.9 可以看出帧差法和 GMM 方法效果最差，受光照影响最大，帧差法目标中间存在空洞。定义虚警率 FPR＝FP/(FP＋TN)和漏警率 FNR＝FN/(TP＋FN)来衡量算法有效性，其中 FP、FN 为前景背景错分类数；TP、TN 为前景背景正确分类数。实验结果见表 6.4 和表 6.5。

图 6.8　原始图像+帧差法+CB 方法+GMM 方法

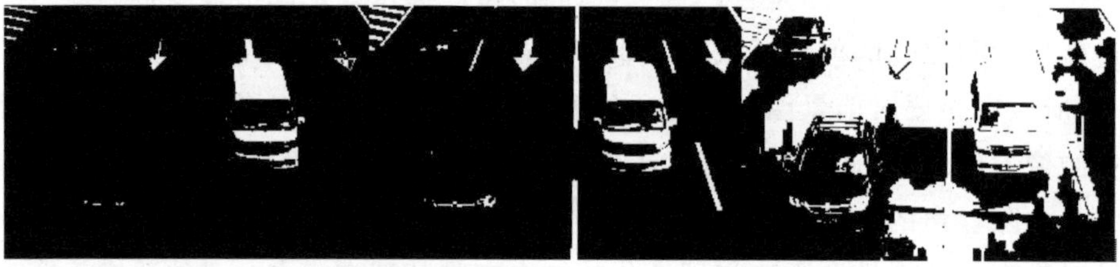

图 6.9　改进的 ViBe 方法 SV 和 ViBe、GMM 方法对比

表 6.4　漏警率 FNR　（单位：%）

	GMM	ViBe	SV
车辆	15.301	10.231	6.950
隧道	58.426	27.295	25.324
公路	48.376	18.823	17.128

表 6.5　虚警率 FPR　（单位：%）

	GMM	ViBe	SV
车辆	0.056	0.248	0.157
隧道	1.637	3.725	3.819
公路	0.089	0.255	0.251

结果显示 GMM 方法对于视频的动态背景误分比较高，这是由于 GMM

更新背景使前景像素也会被更新到模型中，目标像素出现频率高使其对应的高斯分量权重不断增大，最后成为背景模型导致目标空洞，因此漏警率较高且计算量大；ViBe 在保持较低误分比的同时检测速度快有利于实时视频监控实现利用三帧差分检测运动目标区域，获得可靠背景区填充背景帧和背景模型，消除原始算法由于初始帧包含目标导致的鬼影现象。本章给出改进的 ViBe 算法根据背景模型方差及邻域像素方差估计背景噪声，分别获得像素点的阈值，提升了算法对场景变化的适应能力，更好地保留目标的完整性。

6.2.3　对象特征分析

监控视频中的对象指的是实物对象的本体表示，也是整个事件发生的目标主体，因此在对视频场景进行分析后，需要对视频帧里的对象的特征进行分析提取，提取关联信息，进而从对象之间的关联得到事件语义。

1. 基于本体的对象分析

视频语义分析旨在提取视频中包含的高级语义信息，进而支持视频语义检索。语义概念不是独立发生的，视频帧中会同时出现不同的对象概念，关系也较为复杂。这也使得低层特征分析模式更复杂，不同概念之间的属性关系也为对象概念检测提供了重要的上下文关联信息，针对此问题，本章引入一种基于本体信息的视频语义概念检测方法。一方面，低级特征与高级语义之间的关联可通过定义中级语义并进行关联规则建模来缩小语义鸿沟；另一方面，通过利用对象概念在前后帧之间的关联，在概念检测中获取语义信息。在对监控视频分析中，本体可以称为概念模型[146-147]，采用统一的知识表现形式，从知识到语义层次上描述特定领域中的对象及关联，为领域内不同系统之间的知识共享和重用提供了概念基础。视频中的本体有较强的语义识别能力，从概念上来讲，不同视频对象之间的概念属性差异较大，采用本体来表示视频对象，可以使视频内容更抽象直接地表示，在这个基础上再对一段视频中的事件语义进行提取，其就有了共同的基础。

1）视频本体概念

文献[70]已定义了视频本体表示方法。具有低层特征并相互关联的抽象感知特征称为感知概念，低级别感知特征模式是有时空关系的，是语义概念的最基本的表示。基于低层特征分析的视频处理是为获取视频中的高级语义内容做支持。

对应于视频帧中的时空特性，语义概念是在分析视频图像时所需关注的最基本的概念。语义概念可以表示为一个或者多个感知概念及其关联的组合并且用相应的本体语言来描述。利用视频域本体和视频概念扩展本体（video concept extended ontogy，VCEO）的上下文信息，以及视频低层特征和高级语义概念之间的关联，视频域本体就是视频领域知识中的概念和概念之间的关联的二元组。语义概念可表示为名称、标签、关系集、同义词集和描述性文本集合的五元组。相关信息储存于视频语料库中。概念之间的语义关联可分为关联的类型和实例以及关联的属性特征。

视频概念扩展本体（VCEO）由语言级本体（VLO）和感知概念级本体（VPO）组成。语言级本体对应于视频图像的分层分析模型中定义的视频概念；感知概念级本体即视频图像感知特征中感知的低层特征和它们的关联集。语义概念检测方法如下。提取概念具有的低层特征，即特征匹配；感知概念被定义为一个桥梁，用于低层特征和高层信息的表达介质，这时的概念具有一定的语义。因此，可以首先提取与监控视频概念相关的感知概念，接着对监控视频感知概念提取的低层特征进行训练，这可结合相关主流方法来进行。视频概念扩展本体的语义级信息定义了语义概念之间的关联，概念的描述、集合和关联描述了属性关联并表示为概念的文本语义。

对象概念检测的难点在于如何缩小低层特征和高层语义内容之间的语义鸿沟。构建中级语义是缩小语义差距的可行方法，因此可以逐层提取低层模式作为中间层语义。感知概念定义为从视觉、运动中提取的视频元素的抽象，其共享类似的低层感知特征。

2）本体概念检测

视频语义本体概念检测如图 6.10 所示。

视频语义本体概念检测的方法可以分为三个步骤：首先是视频帧信息匹配、特征匹配和匹配结果的融合，这涉及后面章节的内容。视频帧信息匹配，可以通过视频首帧得到一组语义信息，然后据此定义一个规则标准。其次要由视频概念扩展本体的定义描述及其相关概念，得到对象之间的相关属性及属性特征关系，进而分析检测概念发生的可能性。特征匹配根据低层特征概念的相似性计算，通过视频概念扩展本体的定义来获得概念的感知概念，然后在提取视觉对象特征之后训练概念分析器，计算视觉对象的匹配度在本体层面也称语义相似度计算，同时还可以获得包含其他概念的相关语义信息，并计算其他感知概念的匹配结果。最后，将匹配结果融合为进一步标注提供支持。

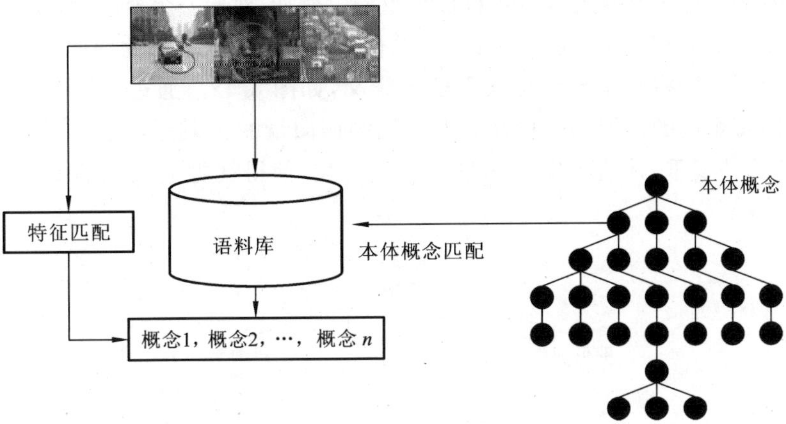

图 6.10　视频语义本体概念检测

2. 基于属性的对象分析

属性对于对象的检测也十分重要，属性不同于基本特征，通常是能被人理解的语义信息，也可视为低层本体概念。对象的属性语义指的是特征属性。特征属性提取是采取一定的变换或映射方法从视频处理数据中提取特征属性。特征属性关系如图 6.11 所示。特征属性可理解为本体的低层语义。

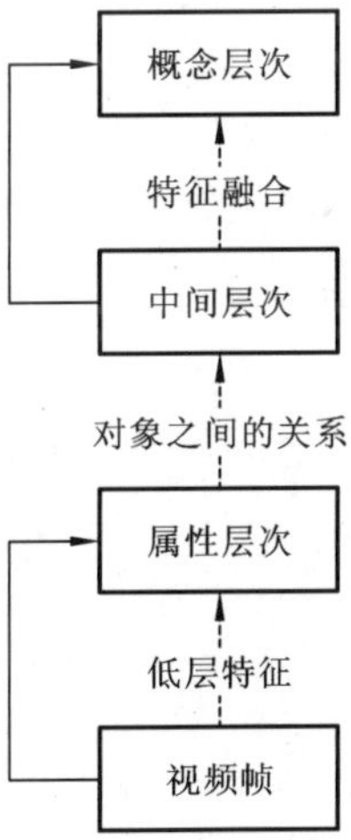

图 6.11　特征属性关系

缩小低层特征与高层语义之间的语义鸿沟的一种比较可行的做法就是建立起一种有效的逐层语义描述方法，而特征属性就可以作为这样一种语义描述的重要表示方式。视频内容除了类别定义以外，还应包含许多其他属性，例如，在监控视频中，汽车可以是“蓝、白、黑色的”，行人可以是“高、矮的”，桥梁可以是“宽、长的”，车辆是有多个轮子、城市道路是有标志性的等。而这些颜色、形状描述性便被称为对象的特征属性。这些属性以及其之间的关联对于理解和描述对象的语义信息是极为重要的。

基于前面所提到的特征属性量化和语料库信息，为了对视频语义进行形式化描述，结合词向量扩展的框架，让视觉上相似的概念向量彼此接近[148-149]。词向量是词的实值向量表示，假设每个概念都有一些上层词

(hypernyms)，这对确定其视觉特征很重要。例如，对于一个概念“汽车”与其上层词“车”，认为“车”是重要的，因为其具有其他子类共同的视觉特征，如轮子、车型等，对于区别机动车与否有很重要的意义，如图 6.12。通过给定的一个原始加权和，每个词的扩展词向量及其上层词的词向量的关系一目了然。给上层词赋予合适的权重，并基于实际场景对权重优化，使得视觉上相似的概念向量彼此接近。

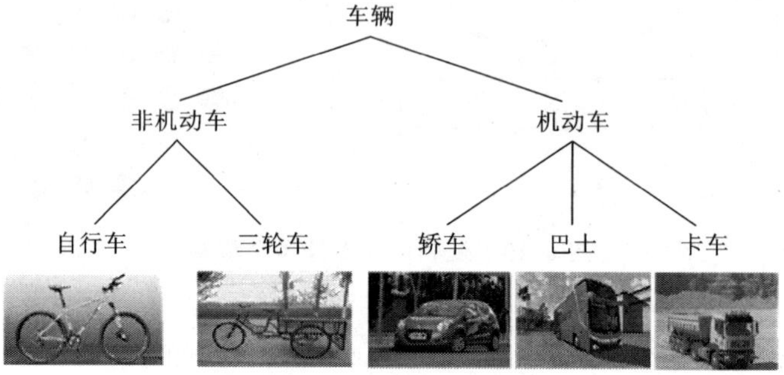

图 6.12　上层词树形结构

例如，用于“轿车”的扩展的词向量，由其原始词向量与其上层词的加权和获得。在训练数据中优化权重系数以使得视觉上相似的概念的向量彼此接近。神经网络等智能方法都可用于训练。图 6.13 为轿车相应词向量。

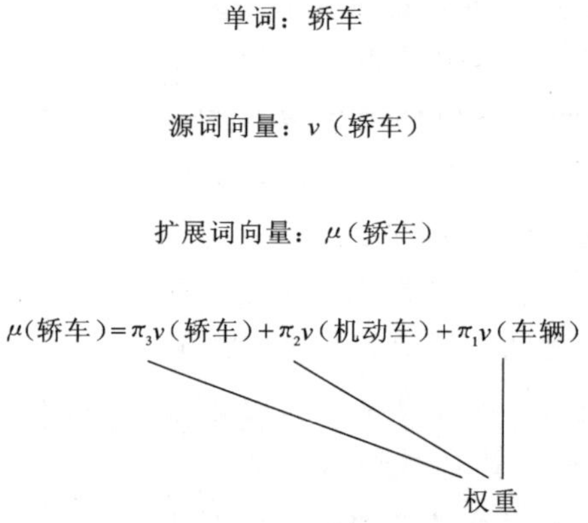

图 6.13　轿车相应词向量

提取语义关系可以通过实值向量表示词向量，使用上层词来对图像和视频帧进行词向量语义分析。提取扩展的词向量，例如，词 w 通过其原始词向量和其上层词向量的加权和得到。权重优化算法对重要的上层词(汽车 — 车)赋予大的权重，以使得视觉上相似的概念向量彼此接近。这一过程实际上是一个训练的过程。

设 Y 和 Z 分别是用于表示训练和测试的不相交的概念集合。在训练学习中，由于训练数据仅可用 Y 中的概念，所以通过对 Y 训练的凸分类来构建用于 $z \in Z$ 的概念分类器如下。

$$f(z \mid x) = \frac{1}{C} \sum_{y \in Y} \mu(y)^{\mathrm{T}} \mu(z) f(y \mid x) \tag{6.13}$$

其中：函数 μ 是适应的单词矢量；f 是检测函数；C 是归一化系数；x 是测试图像或视频帧。

由于这些词包括诸如对象和场景的概念之间的语义关系，所以可以直接应用到监控视频的视觉分析中。假设用于训练和测试的对象类集合是不相交的，因此概念之间的视觉相似性就是一个要处理的难题。然而，在语料库上训练的词向量找到的相似词概念并不一定总是在视觉上彼此相似。如果标记了图像和视频，测试视觉相似性的直接方法是使用视觉特征。对于特征提取，可直接使用文献[70]所提出的方法。

图 6.14 为扩展单词向量训练分类过程。

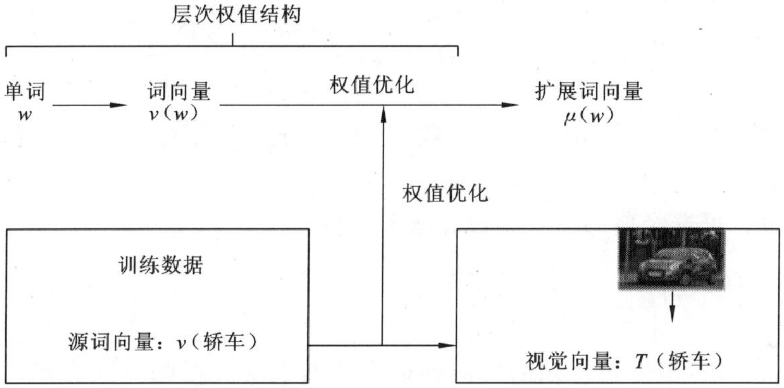

图 6.14　扩展单词向量训练分类过程

本章给出了前面提到的图 6.13 所示的词向量框架。令 $v(w) \in R_d$ 是词 w 的词向量，提出的框架通过扩展的词向量 $\mu(w)$ 表示，其由原始词向量及其上层词向量的加权和来计算。例如，“轿车”的扩展词向量表示为：

$$\mu(\text{轿车}) = \pi_3 v(\text{轿车}) + \pi_2 v(\text{机动车}) + \pi_1 v(\text{车辆}) \tag{6.14}$$

其中：π 是权重系数。使用树结构的词向量计算可用权重优化算法进行。对于每个单词 w 及其上层词 $A(w)$ 的集合均可由词汇数据库 WordNet 给出。w 的扩展单词向量定义如下：

$$\mu(w) = \sum_{a \in A(w) \cup \{w\}} \pi_{d(a)} v(a) \tag{6.15}$$

其中：$d(a)$ 是树结构中单词 a 的深度；$\pi_{d(a)}$ 为相应权重系数，所有具有深度 d 的词具有相同的权重。整个学习过程是确定式 6.15 中的权重系数 π_d，能够最小化以下词相似性矩阵与视觉相似度矩阵之间的距离。

词相似性矩阵为

$$K_{ij} = k(\mu(y_i), \mu(y_j)) \tag{6.16}$$

其中：$\mu(y)$ 是索引$(i,j = 1,2,\cdots)$；Y 是概念 y 的扩展词向量；$|y|$ 用于训练概念。

视觉相似度矩阵为

$$K'_{ij} = k'(T(y_i), T(y_j)) \tag{6.17}$$

其中：$T(y)$ 是概念 y 的视觉向量。这里，K_{ij} 和 K'_{ij} 是内核函数，如 RBF 内核等。权重系数优化如下：

$$\hat{\pi} = \min_{\pi} \| K - K' \| \tag{6.18}$$

通过有限差分法近似梯度计算，优化初始值 $\pi_d = 0$。$T(y_i)$ 是概念 y_i 的视觉向量。通过监督学习方法，一个概念可由参数分类器表示。这表明概念可以由训练的参数向量表示。例如，对于 Softmax 回归模型分类器，它经常被用作卷积神经网络的最底层表示，为

$$\mathrm{Softmax}(y_i \mid x) = \frac{\exp(f(y_i \mid x))}{\sum_j \exp(f(y_i \mid x))} \tag{6.19}$$

其中，函数 $f(y_i \mid x) = a_i^{\mathrm{T}} x + b_i$；参数 a_i 和 b_i 的连接可以用作表示视觉向量，即

$$T(y_i) = (a_i^{\mathrm{T}}, b_i)^{\mathrm{T}} \tag{6.20}$$

其计算过程可选经典的监督学习算法来进行。

6.2.4　事件分析

在视频中，事件是视频语义内容最直接的表现。因此一段视频中的事件语义提取对于整段视频的语义分析是不言而喻的。事件分析是整个监控视频分析的重要目标，这个目标需要一个具体的事件表示规则或方法对复杂事件进行标注和有效的识别。目前很多研究可以在低层语义上对视频语义提供相对完整的标注，但对高层语义时间探测的推理方法和研究并未有深入研究成果。高层语义通常是一个时空实体，拥有事件和空间上的跨度。因此在表达上有很大的难度，这里设置一种预定义规则，并且建立相应的视频高层语义事件表达形式，能让计算机自动标注出所定义的事件，并能根据模型更新算法提取并保存新的语义事件，完成整个视频的事件语义分析提取工作，并让应用者能更直观地了解语义。文献[70]给出了相应本体表示映射框架及更新模型。

首先提取事件中运动实体、背景实体和场景上下文实体，通过本章前面提

出的方法，检测出运动对象，并建立事件模型。在视频事件检测方法中，要对监控视频中的对象运动轨迹集合特征进行分析，将高层语义信息与轨迹信息整合。如何将视频低层特征分析处理结果转化为高层语义特征，从对象运动轨迹中提取视频场景级中的运动事件信息，并描述事件过程，动态地检测出预定义的视频事件，仍然是视频内容分析中需要解决的问题。而在一般视频事件中，会存在多种运动事件，例如，在监控视频中，对多运动对象的运动轨迹进行跟踪，从中检测出多事件。

在视频事件检测和语义信息提取阶段分析出的对象运动基础上，分析提取事件及高级语义，获得视频语义事件之间丰富的高层语义关联关系。这个过程主要涉及的层次包括：属性层，利用各种图形处理手段提取视频影像信息中的基本属性特征（纹理、几何外形、颜色等）；中间层，利用属性层中隶属于同一对象是基本属性特征描述监控视频中的对象以及对象间的关系；概念层，将交互层中拥有一定属性特征的场景对象抽象成监控视频领域本体概念；本体层，所提取的视频因素本体即含有相应语义信息。

在事件分析的过程中，需要对拟定义的事件进行特征提取和匹配，步骤如下。

Step1：对目标特征进行采样，一般以物理特征为主，常用特征有：灰度特征、几何特征、统计特征、变换域特征、颜色特征以及运动特征，本章主要采用了目标的颜色和纹理特征进行特征提取。

Step2：当特征提取完成后，下一步则在视频帧间进行匹配。匹配算法如下所示。

Input：视频帧

Output：事件标注（事件语义特征）

Begin

1. 利用目标的颜色和纹理信息将图像转换为纹理灰度改路分布图，初始化一个搜索窗的大小和位置，确定视频上滑动窗口 W；
2. 取出视频帧图像的各个位置的纹理灰度值 G，并拿来与模板上像素的预定值作比较 Compare$\langle G, G_m \rangle$；
3. 自适应调整搜索窗口的位置和大小，定位出当前图像中目标的中心位置；
4. 每个位置计算出一个累计误差，挑选出最合适的位置；
5. 完成匹配。

End

本章的事件分析主要针对拟定义的特定事件，如车辆逆行、车辆违章、人车碰撞及车辆碰撞等实例场景事件，其他事件也可作为实例处理。

6.2.5　实验结果与分析

为了分析基于属性语义的相关算法的性能，首先使用该算法分别在不同的数据集上进行相关实验，记录其在进行对象本体相似度计算时的准确率，并与其他算法进行比较。

数据是基于武汉市城区长江大桥阅马场隧道智能监控系统、武昌火车站隧道智能监控系统、汉口火车站隧道智能监控系统、汉阳拦江路隧道智能监控系统、水果湖隧道智能监控系统、八一路隧道智能监控系统以及东湖隧道智能监控系统等的监控视频大数据。

1. 目标对象提取

在对象检测阶段将未结合本体和属性语义的方法进行对比，实验组图如图 6.15～图 6.19 所示。

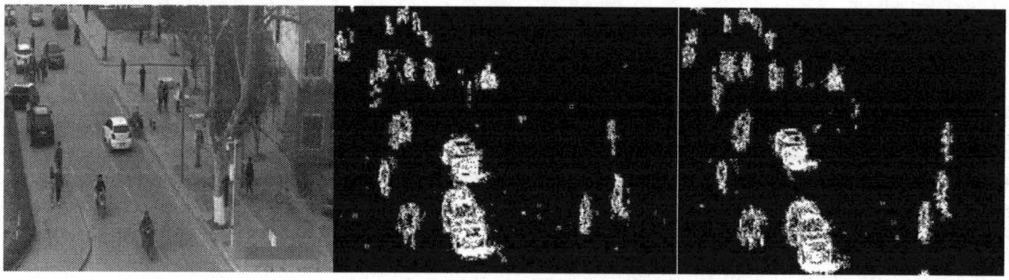

图 6.15　视频原始帧和对象提取

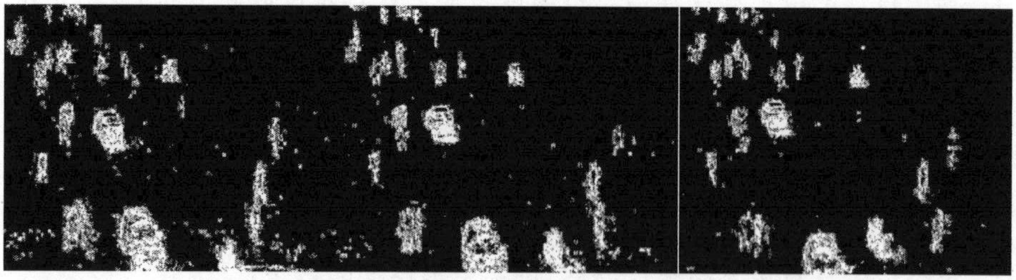

图 6.16　结合运动特征帧间对象提取比较

图 6.17　基于本体的车辆对象语义标注

图 6.18　基于本体的行人对象语义标注

图 6.19　基于本体的车辆和行人对象同时语义标注

结合属性语义的对象提取方法和传统的方法对比如表 6.6 和表 6.7 所示,这里的实验采用实际公共监控数据集。

表 6.6　准确率对比

对象提取	Latent SVM	基于本体	本体＋属性
车辆	50.53%	62.51%	70.30%
行人	46.31%	58.49%	67.28%

表 6.7　召回率对比　（单位：%）

对象提取	Latent SVM	基于本体	本体＋属性
车辆	46.81	68.36	75.23
行人	42.13	66.49	72.34

2. 实验分析

将词向量扩展方法应用于公共监控视频数据集和 ImageNet 数据集上进行训练学习实验，并采用所研究的监控视频做训练测试。使用词向量方法，引入扩展词向量，监督使用 ImageNet 训练图像，平均准确率和精度如表 6.8 和表 6.9 所示。

表 6.8　公共监控视频数据集结果对比

方法	公共监控训练数据集	平均准确率/%
Zero-shot	无	5.24
本文	无	6.31
CMU-Informedia 法	Web Images	1.01
Deep Nets 法	公共监控视频	41.87

表 6.9　ImageNet 数据集结果对比

方法	平均准确率/%	精度/%
Zero-shot	6.96	28.59
本文	8.83	31.56
监督学习法	60.20	90.03

表 6.8 和表 6.9 分别显示了公共监控视频数据集和 ImageNet 数据集实验的性能比较。在表 6.6 和表 6.7 中也看到本章采用的方法优于只用 Zero-Shot 学习的实验结果，但此方法没有使用训练图像或公共监控视频的视频概念，因此与经数据集学习后进行实验分析结果存在较大的差距。

表 6.10　车辆分类语义树结构

d	π_d	
1	0.04	实体
2	0.07	有机体
3	0.11	车辆
4	0.14	机动与否
5	0.25	机动　非机动
6	0.19	车型
7	0.16	小轿车

与监督学习方法相比本章方法仍有巨大差距。为弥合差距，不仅需要改进词向量，而且需要改进视觉分类器。表 6.10 给出了车辆分类语义树结构示例，其具有针对每个深度级别的训练的权重系数。可以发现，树的深度为 5 时权值最大。从语义的角度来看，此深度主要是车辆分类，是物理特征彼此相似的类别。物理特征和视觉特征通常是相关的，概念语义决定它们视觉特征的上层词。其中，d 表示树的深度，π_d 表示获得的权重。

第 7 章　视频语义标注及检索方法研究

本章主要讨论了场景事件关联及实际的对象事件提取方法，并对前面所提的规则进行相关匹配。重点是如何进行规则库的创建，并对行为匹配识别过程进行了描述。对于事件规则定义和创建，一种方法是输入同一行为的几组图片的路径，通过行为特征提取算法对几组图片的行为特征进行训练得到准确性较高的规则；另一种方法是通过简单规则组合创建复杂规则，如通过规则库中已有的规则组合创建新的规则。组合创建新规则的思路有助于减少训练的过程，并且操作相对简便。行为特征的匹配识别，主要是采用将特征量化成字符，来验证部分事件的匹配。而实际上，事件动作都是由一个或多个动作组成。另外，结合提出的视频语义分析方法及框架，并结合相关匹配算法，基于 OpenCV3.0＋VS2015 的平台，设计实现一个语义检索原型，检索的数据来自所研发的监控数据和标准库集。

对视频多层次语义检索，通过事件检测来验证整个框架的有效性及完整性，并统计识别检测时的成功率，并对检索成功的视频进行标注，其中结合词袋模型和语料库信息给出视频语义的形式化表示。实验表明，虽存在局限性，但对特定的视频语义信息能够进行有效的获取，在拟定规则的基础下，视频语义信息能够得到有效和准确的获取，验证了本章方法的可行性和有效性。

综合上述过程，本章给出一种技术路线，用于整个视频的语义信息提取、标注及检索。

7.1　场景分析及对象提取

首先构造视频语料库。语料库用于训练样本的存储，如存储基本视频帧的特征之后，视频帧提取比较要基于相应语料库，并且找到对应的语义元素形成标签，完成检索字符串，它是以文本的形式显示所描述的视频帧的语义内容，即视频语义检索表达。基于规则推理的视频语义概念提取方法需要用相关领域的知识来制定推导规则，然后再由规则来检测视频内容中的语义。推理规则实质上是一系列预先给定的语义分类的阈值，针对多类复杂的视频研究有一定的限制，本章着重于监控视频中某些常见具体的事件场景，并对常见的场景进行规则建立和匹配，进而获取整个语义事件信息，并进行标注。

监控视频中场景相对固定，通过对场景中的运动对象检测，可以初步判断场景中存在一个或多个运动对象。系统需要从场景中区分出运动对象，并对运动对象按时间变化进行序列化记录。针对确定场景中所有运动对象的区域轮廓区分多个运动对象，并进行表达。目前流行的方法主要有外接矩形法、主动轮廓模型法、外接多边形法。其中基于不变矩的方法，可减少计算量，同时可得到目标对象相对比较精确的数值特征，而且在不变矩特征的计算过程中可以获得质心坐标，有利于对象的轨迹检测。监控视频的场景包括道路、桥梁、楼宇等多种情况，可用前面提到的检测方法来检测运动对象。

对于视频，对象的提取是整个语义分析必不可少的一部分[150]，针对对象的特征，已给出结合本体加上属性的对象特征提取方法，还可引入 SIFT 特征来进行细节描述。SIFT 特征在尺度空间中寻找极值点与其位置、尺度和旋转不变量，其具有尺度、旋转不变性并易于区分，在对象识别、对象跟踪等研究中有较好的效果。

7.1.1　基于属性的对象提取

属性语义是针对视频中对象语义提取模块更为细致具体的一个方式，通过属性有时候可以判断目前对象所处的背景特征，如车辆可能会出现在道路或停车场。自动地学习视频帧图像的属性特征，可以帮助计算机理解视频帧图像的语义内容。因而，通过在目标对象与低层特征之间加入属性特征，考虑对象属性以及属性和属性之间的关联，可以减小低层和高层的语义鸿沟，从而提高视频语义检索效果[151-155]。

在整个过程中必须寻找表示目标对象固有的属性特征，如梯度直方图、色彩或 SIFT 特征。如果有背景信息，可以首先把背景去除，提取出对象，然后进行视频帧图像处理，计算特征值，并将特征向量与标签对应。属性特征提取是监控视频场景对象概念化及监控视频帧层次概念模型建立的基础。研究的监控视频场景中的主要对象包括车、人、道路景观、道路、标志线和标志牌等。

1. 行人属性特征提取

行人属性特征主要包括轮廓、几何外形、颜色特征、纹理特征、类 Harr 小波特征、SIFT 特征和梯度方向直方图特征等。排除环境因数影响，选取纹理特征、SIFT 特征来进行对象属性分析。在处理阴影影响方面，纹理特征效果较好，SIFT 特征也拥有极好的拓展性和鲁棒性。

在行人识别过程中，任意像素点与其领域点的灰度值的差值能够很好地表征图像的细节纹理。为了得到方向、位置及尺度，引入 SIFT 特征提取思想，该算法首先完成对尺度特征空间的搜索，然后以主梯度方向作为该像素点的方向特征。改进的监控视频场景行人对象的属性特征提取算法描述如下所示。

Input：视频帧

Output：行人概念语义

Begin

1. 初始化系统，并导入 ImageNet 库作为训练行人样本库；
2. 根据每帧图片的大小分配相应的 block 和 cell，然后进行纹理特征和 SIFT 特征提取，最后进行维数压缩、赋权和归一化处理；
3. 将提取的向量特征输入到 SVM 分类器中进行重复迭代处理；
4. 对视频场景图像序列进行预处理，确定检索范围和滑动窗口大小 k，然后以 k 的步幅扫描输入的图片；
5. 对所有帧图片进行步骤 2 的操作；
6. 利用已经训练好的分类器 SVM 判断所检测的目标对象是否为行人并存储；
7. 汇总并分析不同检索尺寸下的结果序列，然后将识别目标用矩形框标记，并赋予该目标一个“人”概念标签。

End

---

2. 车辆属性特征提取

需要提取的车辆属性特征主要包括纹理特征、颜色特征、几何外形、车辆运动、阴影特征等，车辆属性特征如图 7.1 所示。其中，阴影特征用于推测车辆可能存在的区域，如图 7.2 所示。颜色特征指目标车辆的颜色及其水平和垂直方向上的颜色对称性。依据图像矩的值判断车辆位置范围和周边范围。道路区域和车道标线属性提取，也引入 SIFT 特征进行提取分析。

车辆颜色特征的提取采用基于 HSI 颜色空间的改进 Camshift 算法，HSI 颜色空间是从人的视觉系统出发，用色调 (hue) 、色饱和度 (saturation) 和亮度 (intensity) 来描述色彩。HIS 颜色空间可用圆锥空间模型来描述，相比 RGB 模型更符合人的视觉特性。HIS 空间结构如图 7.3 所示。基于 HSI 的车辆检索过程如图 7.4 所示。

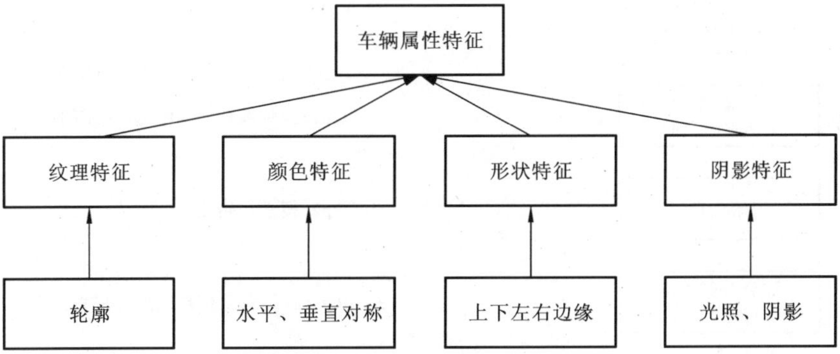

图 7.1　车辆属性特征提取

图 7.2　灰度图和车辆存在区域

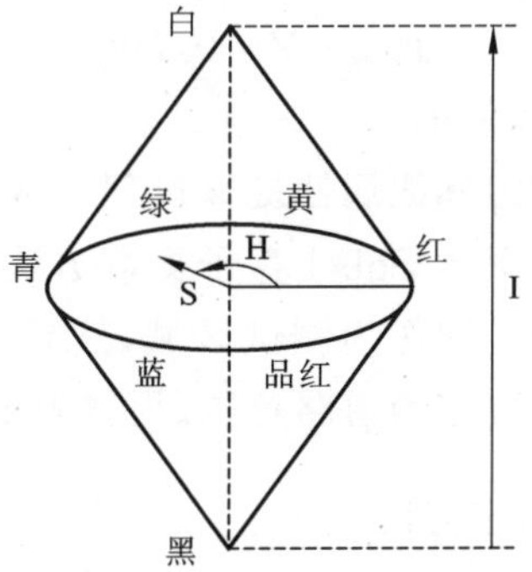

图 7.3　HSI 颜色空间

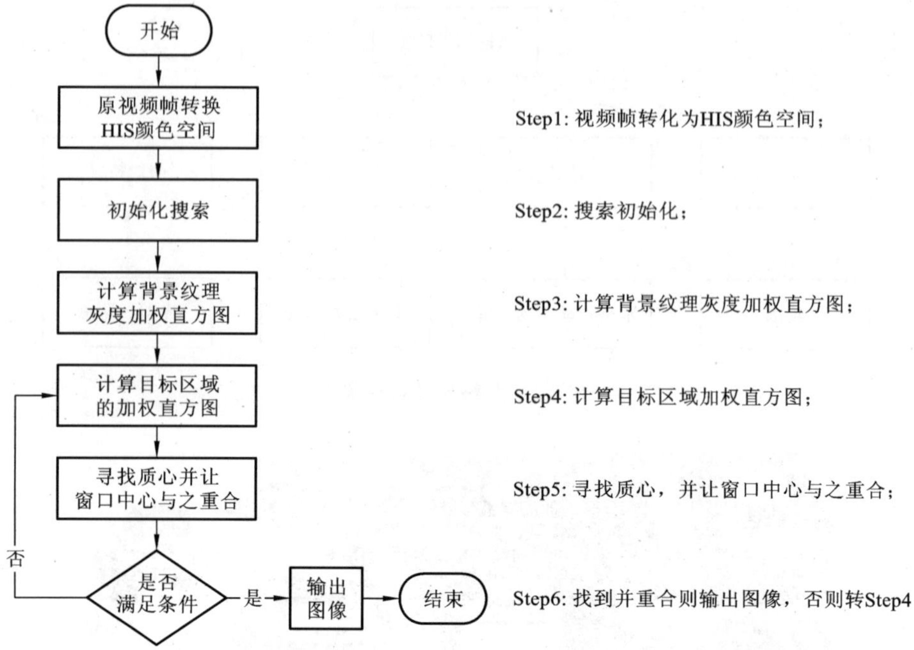

图 7.4　基于 HSI 的车辆检索过程

利用车辆的上下左右边缘所包围的区域确定车辆的形状。首先利用车位水平方向颜色的一致性，从车辆可能存在区域垂直中线处向两边扩展，直至得到颜色相同的最长水平线（图 7.5 左白线）；然后利用垂直 Sobel 算子得到垂直边界（图 7.5 右）；最后从车辆可能存在区域的左、右两边往中间搜索，最终得到车辆的左右边缘（图 7.5 下）。上下边缘的确定与此类同，唯一不同的是需要根据车辆高宽比进行边缘搜索，其计算式为

$$\begin{aligned} E_{\min} &= Y - 1.4W \\ E_{\max} &= Y - 0.7W \end{aligned} \tag{7.1}$$

其中，参数 1.4 与 0.7 是可调的。

下面为道路区域和车道标线属性提取过程。道路区域的识别主要利用图像的灰度特征、边缘特征，引入 Sobel 算子提取方法，如图 7.6 所示。首先确定将道路可能存在的区域范围作为测试区域，然后自底向上逐步扫描测试区域，若未扫描到边缘点，则确定为道路范围，提取效果如图 7.6 所示。

3. 属性关联及属性特征降维

属性关联即要描述同一对象的属性之间是否具有关联，以及不同对象属

图 7.5　车辆形状分析过程

图 7.6　道路属性检测过程

性之间是否具有关联。关联提取法则为:如果属性 1 和属性 2 同属于对象 1,属性 2 和属性 3 同属于对象 2,那么可以认为对象 1 和对象 2 之间具有关联;若属性之间互有关联,则可以认为所属对象之间也有关联,关联的描述是为了进一步描述复杂的事件语义。这一过程可通过搜寻对象属性列表完成。

4. 属性特征降维

在传统的属性分类器学习算法中,视频帧图像通常是由多种特征的关联表示的,这就使得视频帧图像特征的维度相对来讲很高,可能成千上万维[56]。

高维度的属性学习难度大，大大增加了数据训练的复杂度，可能导致维度灾难，并限制了需要处理的视频帧图像数据库的大小。而且高维数据可能也让训练数据中的噪声变得更多。传统的属性分类器是使用所有的图像特征来训练属性分类器的，单个的属性标签不是所有的特征都与之相关的。例如，“圆形”这个属性只与形状特征相关，若用颜色特征来进行“圆形”属性分类器学习，是不会有效的。

根据上面所提的属性特征分析方法，传统的监督或非监督特征方法均未考虑属性标签之间的关联。因此引入一种多标签降维方法，并在此基础上引入属性标签之间的语义特征相关性，并结合语义特征相关性和相关最大依赖的思想。该算法通过最大依赖所选特征与标签向量之间的关联来进行特征选择，这一思想在分类、聚类等问题上均有较好的效果。考虑到与同一样本相关联的低层特征和标签之间应该有关联，找到一个低维的特征子空间，使得输入和输出之间的相关性最大。

根据上述描述，多标签降维算法描述如下所示。

Input：X，Y，d，阈值 t（X、Y 分别为特征和标签矩阵，d 为目标减小维度数，t 为阈值，用来控制维度 d）

Output：映射矩阵 $\boldsymbol{P}$：特征空间 $\boldsymbol{R}^D$ 映射带特征空间 $\boldsymbol{R}^d$

Begin

1. 构建标签核矩阵 $\boldsymbol{L}$；
2. 计算 $\mathrm{XHLHX}^{\mathrm{T}}$的值；
3. If ；
4. 假设给定一个 d；
5. 计算 XHLHXT 的特征分解，构建 $D*d$ 维矩阵 $\boldsymbol{p}$，
6. Else
8. 构建 $D*r$ 维矩阵。r 为矩阵$\boldsymbol{L}$ 的秩，根据 $\sum_{i=1}^{d}\lambda_i \geqslant t*\left(\sum_{i=1}^{D}\lambda_i\right)$ 选出 d 个特征向量来构建矩阵 $\boldsymbol{P}$；
9. End IF

End

根据属性特征，属性分类器特征分类如图 7.7 所示。

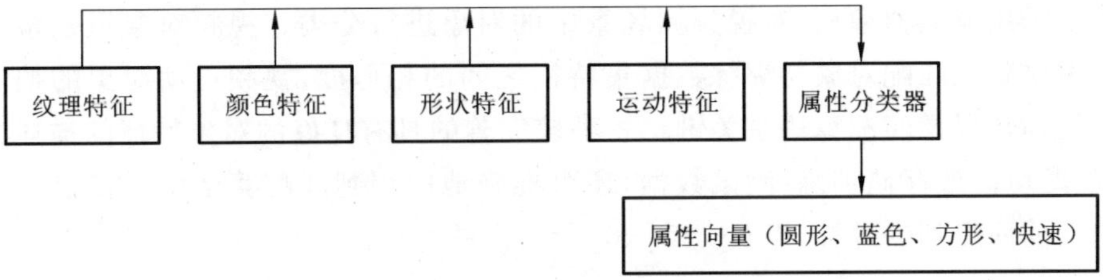

图 7.7　属性分类器特征分类

7.1.2　基于运动特征的对象提取

降维后,相同属性即为关联,为事件分析提供支持。

根据前后帧颜色和纹理的不同,并结合对象的轮廓特征,用来检测是否是感兴趣的对象。每一个视频帧里被检测的对象都是根据所检测矩形框的质心及其周围的变化来计算得到的。根据运动历史信息(通过关键帧及运动轨迹可获得)、目标运动的强度变化来判断对象的运动情况,检测是否存在异常。

1. 基于 MRF 模型的对象提取

在引入本体概念的基础上,引入马尔可夫随机域(MRF)模型,来进行视频对象提取和标注,如图 7.8 所示。

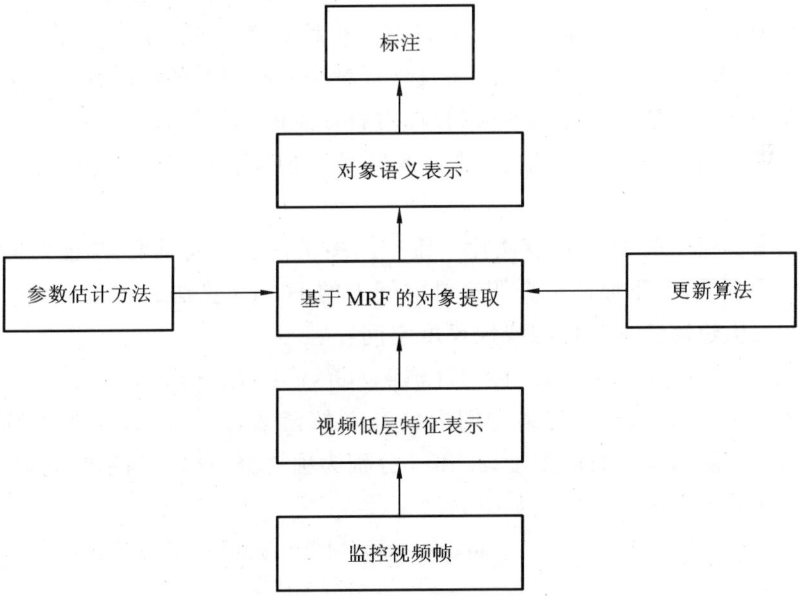

图 7.8　基于 MRF 的对象提取标注

采用分类器模型，对视频帧场景中的对象进行分类。视频对象识别检测的本质就是匹配对象与训练数据集特征之间的相似度，视频运动对象的抽象特征描述以及匹配算法是关键。一种较完善的具有良好的对象特征的描述方式，既可高效存储训练、测试数据，还可准确地应用到匹配算法中。提取过程包括前面提到的过程，以及文献[70]所给出的过程。

2. 对象行为分析

在前面章节中，我们对单行人跟踪与多行人跟踪做了相应研究与实验分析。本节将通过前面章节中良好的行人检测结果和行人跟踪结果获取的行人外接矩形框的长宽比、速度特征对文献[156]中基于时空兴趣点人体行为分析算法加以改进。通过人体外接矩形框的长宽比、速度特征和时空特征构建动作特征向量，用以对部分人体行为进行分类。为了解决不同动作视频提取特征的数量不同，使用 K-means 算法聚类完成对特征的分类[156]。最后通过改进的 Hausdorff 距离[157]来完成视频中单行人的行为分类。通过样本训练对走、奔跑、慢跑、拍手、挥手 5 种动作分类。

1）时空兴趣点提取

本文采用文献[158]提出三维空间内的 Harris 算法来检测兴趣点。

二维的 Harris 算法通过对灰度图像的每个像素点计算横向和纵向的一阶导数和它们的乘积来提取图像中的极大兴趣点作为特征点，其对图像的灰度变化、图像旋转等具有鲁棒性，而且计算量小具有很好的实时性。其通过在所有点的邻域中选取兴趣值最大的点，对特征点的选取比较均匀且合理，特别是在纹理丰富的区域能提取大量有效特征。但 Harris 算法不具有尺度不变性。

三维空间上的 Harris 算法比二维空间多了一个时间维度，却能对时间和空间自适应[158]。下面简单介绍三维空间上的 Harris 算法。

首先构建连续视频帧的线性尺度空间：

$$L(x,y,t,\sigma_l^2,\tau_l^2)=G(x,y,t,\sigma_l^2,\tau_l^2)\cdot I_{\text{gray}}(x,y,t) \tag{7.2}$$

其中：$G(x,y,t,\sigma_l^2,\tau_l^2)$为三维空间内的高斯核函数，$I_{\text{gray}}(x,y,t)$ 为连续的视频帧的灰度图像，t 为时间维度，σ_l^2 和 τ_l^2 分别为独立分布的空间和时间均方差。三维空间的高斯核函数定义如下：

$$G(x,y,t,\sigma_l^2,\tau_l^2)=\frac{\exp(-(x^2+y^2)/2\sigma_l^2-t^2/2\tau_l^2)}{\sqrt{(2\pi)^3\sigma_l^4\tau_l^2}} \tag{7.3}$$

需要通过高斯函数和视频图像序列的时空二阶矩阵 $\boldsymbol{\beta}$ 来寻找三维空间

Harris 角点。其中 $\boldsymbol{\beta}$ 定义为

$$\boldsymbol{\beta} = G(x, y, t, \sigma_l^2, \tau_l^2) \cdot \begin{bmatrix} L_x^2 & L_xL_y & L_xL_t \\ L_xL_y & L_y^2 & L_yL_t \\ L_xL_t & L_yL_t & L_t^2 \end{bmatrix} \tag{7.4}$$

其中：L_x，L_y，L_t 均为一阶导数，定义如下：

$$L_x = \partial_x (G \cdot I_{\text{gray}}) \tag{7.5}$$

$$L_y = \partial_y (G \cdot I_{\text{gray}}) \tag{7.6}$$

$$L_t = \partial_t (G \cdot I_{\text{gray}}) \tag{7.7}$$

则可以得到 Harris 角点算子在时空域上的响应函数，其定义如下：

$$f_r = \det(\beta) - k \cdot trace^3(\beta) = \lambda_1\lambda_2\lambda_3 - k \cdot (\lambda_1 + \lambda_2 + \lambda_3)^3 \tag{7.8}$$

其中：λ_1，λ_2，λ_3 为三个特征值，要求 $f_r \geqslant 0$ 且 $\lambda_1 \leqslant \lambda_2 \leqslant \lambda_3$。因此最后一般将系数 k 取 0.005。最后使得 f_r 具有局部最大值的像素点即为空兴趣点。本章为了只检测行人运动的时空兴趣点，只在确定的行人区域检测。图 7.9 为检测出的行人行走和慢跑的时空兴趣点。

(a) 走行为的兴趣点提取　　(b) 慢跑行为兴趣点

图 7.9　对行人行走的时空兴趣点和跑的时空兴趣点

2）宽高比和速度特征提取

本章通过跟踪得到行人的外接矩形框的长宽比、速度特征。长宽比为

$$R = W/L \tag{7.9}$$

由于速度特征变化可能比较大，所以 N 连续帧的速度然后计算平均每帧的速度：

$$\bar{v} = \left| \sum_{i=0}^{N-1} \omega_i v_{t-i} \right| \tag{7.10}$$

其中：$\sum_{i=0}^{N-1}\omega_i = 1$ 且 $0 < \omega_{i+1} < \omega_i < 1$。

3）基于 K-means 算法的特征分类

假设 4.1 节中提取的时空特征为 TS，则将时空特征与长宽比和速度特征一起构建特征向量为

$$\boldsymbol{x} = \{TS, R, \bar{v}\} = \{e_1, e_2, \cdots, e_n\} \tag{7.11}$$

则一类运动的一组特征向量可以表示为 $\boldsymbol{X} = \{x_1, x_2, \cdots, x_N\}$，即为 N 个观察到的数据向量的集合。

由于 K-means 算法是基于 GMM 的 EM 求解算法的一种特殊情况[156,158]，因此本文通过 K-means 算法对特征向量进行聚类之前先对特征向量的每一项 x_i 计算混合高斯分布的密度函数为

$$f_g(x_i;\Phi) = \sum_{j=1}^{k}\mu_j \cdot N\left(x_i;\beta_j,\sum_j\right) \tag{7.12}$$

其中：$\Phi = \left\{\mu_j, \beta_j, \sum_j\right\}_{i=1}^{k}$，$\sum_j$ 为协方差矩阵；k 表示高斯分量的数目，为第 j 个高斯分布的权值且 $\sum^{k}\mu_j = 1, 0 \leqslant \mu_j \leqslant 1$。

再根据 Φ 的极大似然使得高斯混合密度函数最大化，从而确定参数的取值为

$$b = f_g(x_i;\Phi) = \underset{\Phi}{\arg\max}\sum_{i=1}^{N}\log f_g(x_i;\Phi) \tag{7.13}$$

最后利用 K-means 聚类算法将特征分类，定义每个聚类中心为

$$c_i = \frac{1}{n_i}\sum_{k=1}^{n_i} j_k \tag{7.14}$$

这样就可以将每个观测值分类，即可以将 n_i 个观测向量分为 b_i 个类[58]。

4）相似度匹配

Hausdorff 距离是度量空间中真子集之间的距离，它可以用于边缘匹配算法中的距离计算，可以解决遮挡问题。因此常用于二值图像间的相似性度量。Hausdorff 距离定义如下：

$$HD(A,B) = \max(hd(A,B), hd(B,A)) \tag{7.15}$$

其中：A 和 B 表示需要比较相似性的两个图像的点集。$hd(A,B)$ 为从 A 到 B 的有向 Hausdorff 距离，$hd(B,A)$ 为 B 到 A 的向 Hausdorff 距离，它们的定义如下：

$$hd(A,B) = \max_{a_i \in A} \min_{b_j \in B} \| a_i - b_j \| \tag{7.16}$$

$$hd(B,A) = \max_{b_i \in B} \min_{a_j \in A} \| b_i - a_j \| \tag{7.17}$$

其中：$\| \cdot \|$ 表示距离范数。由上式可知，Hausdorff 距离是选取 $hd(A,B)$ 和 $hd(B,A)$ 之间的最大值作为 A 和 B 之间的相似程度，Hausdorff 距离大小与相似度呈正相关。

传统的 Hausdorff 距离计算比较简单，但是对于遮挡、格点或者噪声较大时，其相似性匹配效果并不理想。因此文献[157] 结合平均和排序并考虑遮挡、格点、噪声等多方面的影响对其进行改进。为了进一步改善遮挡、格点等带来的噪声干扰，本书采用文献[157] 提出的改进的 Hausdorff 距离来进行相似度的计算。

假设通过前文得到的分类 b_i 的特征模型为向量集 $\boldsymbol{M} = \{m_1, m_2, \cdots, m_N\}$，目标数据集为 $\boldsymbol{O} = \{o_1, o_2, \cdots, o_N\}$，则令模型特征和目标数据特征分别表示为

$$F^m = (x^m, y^m, t^m, \sigma_l^m, \tau_l^m, R^m, \bar{v}^m, b^m) \tag{7.18}$$

$$F^o = (x^o, y^o, t^o, \sigma_l^o, \tau_l^o, R^o, \bar{v}^o, b^o) \tag{7.19}$$

其中：t 为动作检测的连续视频帧片段的时间跨度；b^m 和 b^o 为分类号。则根据文献[159] 定义的 F^m 与 F^o 之间的 Hausdorff 距离如下：

$$HD(M,O) = \begin{cases} \dfrac{1}{[s \cdot N_m]} \displaystyle\sum_{m \in M, i=1}^{N} \rho(d^o(m)), & N_m \neq 0 \\ +\infty, & N_m = 0 \end{cases} \tag{7.20}$$

其中：s 为遮挡系数且 $s \in [0,1)$；[ ] 表示去整运算。根据阈值去除格点之后的模型点集为

$$M' = \{m \mid m \in M, d^o(m) \leqslant \alpha\} \tag{7.21}$$

则 α 为剔除格点的阈值，这里取 $\alpha = 3$，N_m 为集合 M' 中的项数。$d^o(m)$ 为 M' 中 m 到数据集 $\boldsymbol{O}$ 的最小距离，$\rho(\cdot)$ 为代价函数，其定义为

$$\rho(x) = \begin{cases} |x|, & |x| \leqslant \alpha \\ 0, & |x| > \alpha \end{cases} \tag{7.22}$$

若 $N_m \neq 0$，则 $\rho(d^o(m))$ 为剔除 $d^o(m) > \alpha$ 的点后 $\rho(x)$ 从小到大排序中的第 i 个值；当 $N_m = 0$，则令其无穷大。

通过上述的改进对噪声、遮挡、格点都做了处理，使得相似度匹配更加准确。

算法总体流程如图 7.10 所示。通过人体外接矩形框的长宽比、速度特征和时空特征构建动作特征向量，用以对部分人体行为进行分类。为了解决不

同动作视频提取特征的数量不同，使用 K-means 算法聚类从而完成对特征的分类。最后通过文献[157]中改进的 Hausdorff 距离来完成对视频中单行人的行为分类。

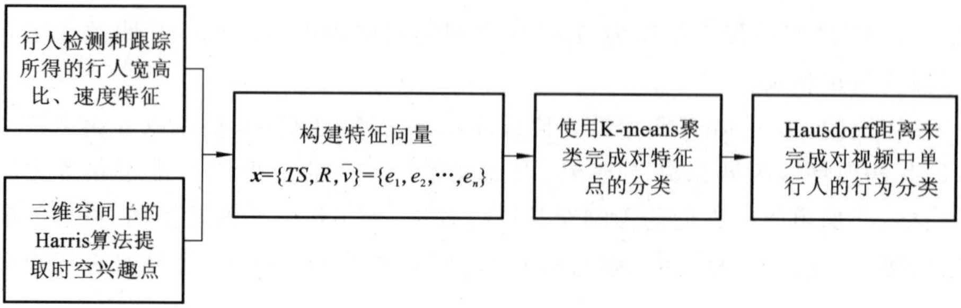

图 7.10 人体行为分分析算法流程图

5）实验结果与分析

本节实验是在英特尔至强 E5-2603 CPU、4 GB 内存、戴尔 PowerEdge T620 Main Server Chassis 平台下用 opencv2.4.11 在 Windows7 环境下实现的。针对采集了包含走（walk）、奔跑（run）、慢跑（jog）、拍手（clap）、挥手（wave）在内的 355 个行为样本用于测试，把数据集 KTH 上[58]的数据用做模型。每个样本为 10～15 s 的视频段，帧大小为 160×120。K-means 算法的聚类中心为 45 个。实验数据具体分配如表 7.1 所示。

表 7.1 采集数据分配表

行为	walk	run	jog	clap	wave	总计
模型	380	75	61	124	70	710
测试	164	32	33	98	28	355
总计	544	107	94	222	98	1065

355 个测试数据在未加入宽高比和速度特征时的识别结果如表 7.2 所示。通过混淆矩阵来表示可以看出仅仅基于局部时空特征的识别会经常将行走（walk）误识为慢跑（jog），将慢跑（jog）误识为走（walk）、奔跑（run）、拍手（clap）等动作。因为走（walk）、奔跑（run）、慢跑（jog）的动作形态非常相似，提取的时空特征点也比较接近，所以容易混淆。引入文献[157]的改进的 Hausdorff 距离进行相似度匹配，最后可计算总的识别率为 92.11%。

表 7.2　文献[156]中单独基于时空特征的混淆矩阵

行为	行走(walk)	奔跑(run)	慢跑(jog)	拍手(clap)	挥手(wave)	识别率/%
行走(walk)	158	2	4	0	0	96.34
奔跑(run)	2	26	4	0	0	81.25
慢跑(jog)	2	3	25	3	0	75.75
拍手(clap)	0	0	3	93	2	94.90
挥手(wave)	0	0	0	3	25	89.29

加入宽高比和速度特征时的识别结果如表 7.3 所示。通过混淆矩阵来表示可以看出,加入速度特征和宽高比特征之后,走(walk)、奔跑(run)、慢跑(jog)等动作可以得到更好的区分,并且识别率明显提高,加入的宽高比特征也使得拍手(clap)、挥手(wave)的动作被更好的识别。最后可计算总的识别率为 95.21%。

表 7.3　加入宽高比和速度特征之后的混淆矩阵

行为	行走(walk)	奔跑(run)	慢跑(jog)	拍手(clap)	挥手(wave)	识别率/%
行走(walk)	160	2	2	0	0	97.56
奔跑(run)	1	29	2	0	0	90.63
慢跑(jog)	2	1	29	1	0	87.88
拍手(clap)	0	0	2	94	2	95.92
挥手(wave)	0	0	0	2	26	92.86

7.2　基于关联规则的事件分析

监控视频事件语义是指视频序列帧中具有一定语义信息的行为或者是由某些单个行为组成的一系列行为,而行为是指视频序列中一系列具有一定语义和时间延续性的动作。所谓事件分析就是指在视频中发现感兴趣的事件、与众不同的事件及包含的行为做出适当的分析。针对事件语义的分析,主要可以分为三大类:基于预定义事件模型的事件分析、基于训练数据学习事件模型的事件分析以及基于聚类分析的事件分析。在对视频事件分析过程中发现,实际事件中一般含有多个运动对象同时出现在连续帧中,将这类事件称为复杂事件,将组成它的多运动对象各自运动形成的事件称为子事件,这些子事件共同组成了复杂事件。

对于监控视频而言,规则的创建更新很大程度上决定了行为识别的准确性。因此,对于事件规则的创建与更新就显得尤为重要。要较好地描述一个视频事件,一般至少需要若干帧的图片组成才行。因此规则创建,就是通过对描述同一行为的集中标准模板行为进行训练提取行为特征的过程。而对于规则库的更新,一种方法是按照规则创建的方法,输入同一行为的此组标准模板路径,对该路径下的几组图片进行训练,得到较精准的规则;另一种方法则是规则组合,根据简单的规则,组合创建复杂规则。直接利用规则组合的好处是用户可以自主更新规则库,并且不需要复杂的训练过程。

7.2.1 基于事件的规则构建

事件规则创建一般有两种方法,一种是输入同一行为的几组标准模板的路径,对该路径下的若干组图片进行训练,得到较精准的规则;另一种是规则组合,根据简单的规则,组合创建复杂规则。

创建一个新的规则的过程很简单,用户通过自己输入组成规则的图片路径进行创建。组成新规则的图片必须是按照图片中对象行为发生的先后顺序组合。组成新规则的图片可以是一组对象的行为序列,也可以是几组对象的行为序列。对于几组对象的行为序列,采取的策略是将每组对象求出的规则特征值求平均值后得到最后的规则特征值。生成新的规则特征值需要经过验证后才可以存到规则库中使用。事件规则创建及匹配的一般流程如图 7.11 及算法流程所示。

本章重点在于对视频中目标对象的行为如何进行识别匹配。关联规则挖掘是对数据集中项之间关联关系的发现,并从中找出项与项之间的强关联规则的方法。在视频关联关系的挖掘中,得到视频对象低层特征之间、运动对象之间、运动事件之间、语义概念之间的频繁模式,并可以对某一项的属性进行预测。需要用置信度和相似度进行检查。采用隐马尔可夫模型对视频概念在随机时序中建模。这可根据相邻的若干秒的视频帧的相似性打分并赋以权重,使用主动学习的方法,检测视频语义。对于视频镜头检测过程中的时间窗口的影响,以及得到的预测结果中存在噪声等问题可采用已有的经典方法进行处理。

7.2.2 事件检测

首先对视频对象进行拟合,提取对象特征向量,建立训练样本数据集,训练之后得到分类器,通过分类器分析监控视频中对象的行为语义,如车辆、行人等。支持向量机具有结构风险最小化原则,当低维空间不可分时,能够在高

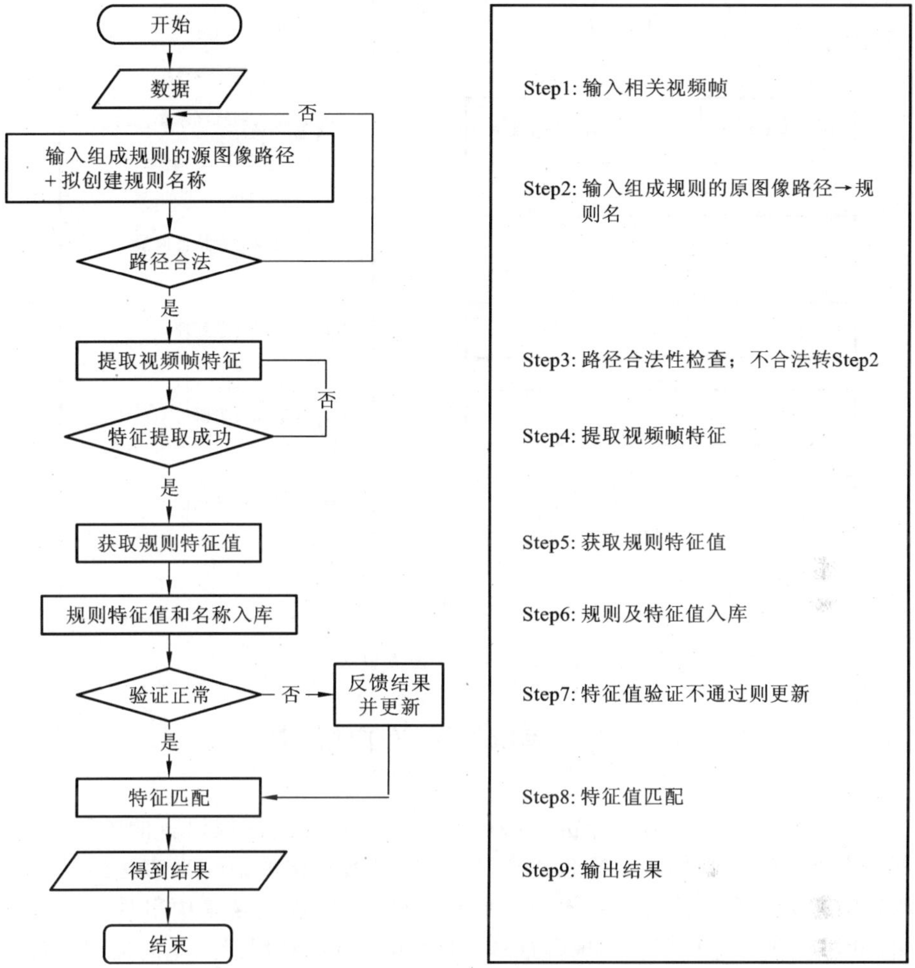

图 7.11　事件规则创建及匹配

维的特征空间找到最优分类面线性分类器。基于分类器对监控视频中车辆、行人行为进行语义分析，要求样本数据准确性较高。分类器的生成具体分为以下四个步骤：确定训练样本集；核函数选择；确定松弛变量；训练。针对训练样本集进行训练，通过训练得到可用的分类器，过程如图 7.12 及算法流程所示。

本章的事件识别采用的是预处理方式。即对于任意一段要搜索的视频，采用预处理的方式将整个视频中方式的行为进行预先识别检测，在真正搜索过程中，只需要进行词向量匹配即可。

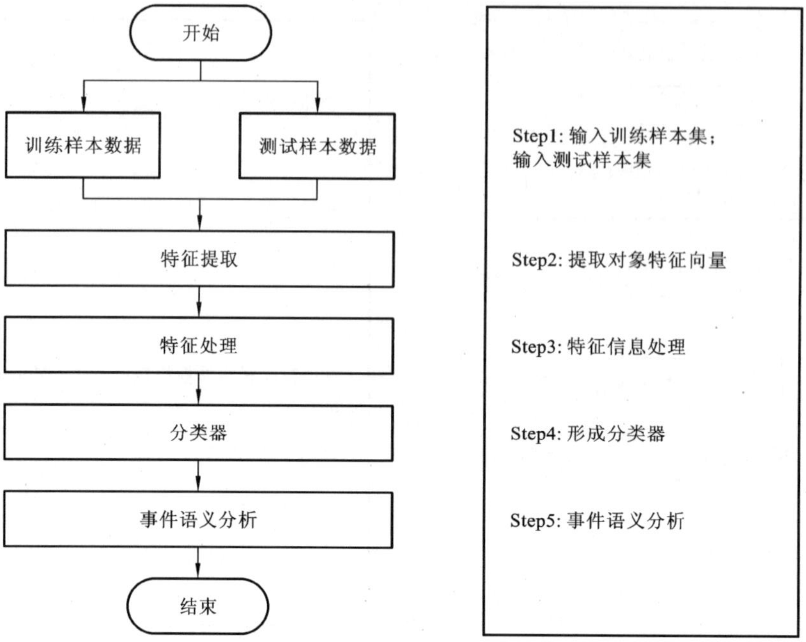

图 7.12　事件检测分类

7.3　视频语义的标注

前面提到的视频语义分析方法可实现低层特征到高级语言的映射，可以利用本体语言规则将语义概念整合到一起，以形式化的语句来表达监控视频场景中相关因素的语义。要想推理场景中的语义，表达场景中事件的态势演化过程，必须要进行必要的规则推理。因此，本章在利用形式化的描述语言推理、表达事件语义信息的基础上，给出基于本体描述的对象及事件检测计算方法。并对其他的可以转化为基于本体的检测推理问题进行处理分析，以提高检测推理效率。

在特征匹配结果之后，通过线性融合法融合这些匹配结果，融合计算如下：

$$M(C)=a_1\times M\_Ontolog(C)+a_2\times M\_Feature(C) \tag{7.23}$$

其中：a_1、a_2是线性融合参数，$a_1+a_2=1$。融合计算包含本体和属性特征等，是通过对不同值的许多组合的实验测试获得最佳参数。因此所得到的 $M(C)$ 特征即可表示为整个视频帧的对象语义信息描述集合。

7.3.1　相似度匹配方法

对于两组视频帧特征的相似性比较是在得到行为的向量化特征表达式之

后，需要计算两个行为之间的相似度，因此需要进行特征的匹配。最常用的特征匹配方法是计算特征向量之间的距离。通常采用的距离度量有以下两种：欧氏距离

$$d_{ij}=\sqrt{(x_i-x_j)^2+(y_i-y_j)^2} \tag{7.24}$$

马氏距离

$$d(x,y)=(x-y)^{\mathrm{T}}\sum_{y}^{-1}(x-y) \tag{7.25}$$

7.3.2　特征匹配

特征匹配通过构造视频低层感知特征和概念之间的相关性来测量概念的低级特征的相似性。感知概念是容易学习的低层特征。VCEO 中的概念与感知概念之间的关联使得感知概念具有某种语义。从视频纯粹提取的低层感知特征可以表示视频语义概念和低层特征之间的内部关联规则。视频概念是在 VCEO 中具有最小语义粒度的概念，主要由视觉特征视觉向量表示。本节讨论的特征匹配主要基于感知概念的视觉对象概念。所提出的特征匹配方法如图 7.13 所示。利用中级语义，使得视觉对象获得的低层特征可以更好地区分概念，即减小了低层特征和高级语义之间的关联性的不确定性。

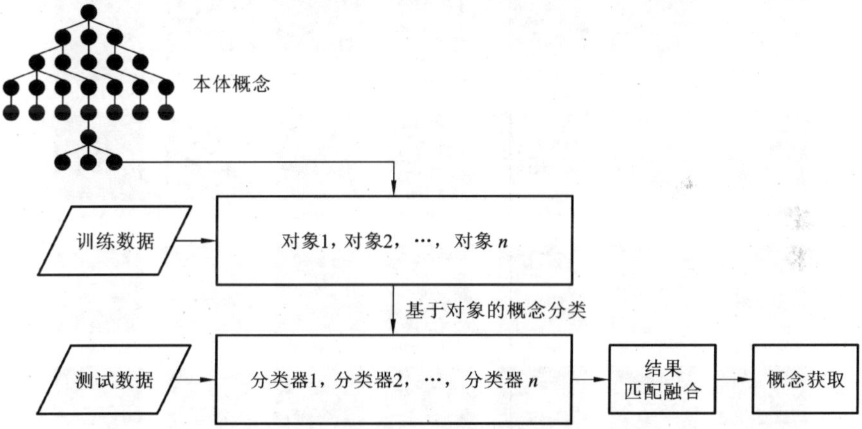

图 7.13　特征匹配

另外，颜色、纹理和形状特征提取后也被用于特征匹配、构造对象的检测矩形并提取矩形中心位置和矩形对象的顶点位置。然后，将视觉对象特征形式化为用于训练 SVM 分类器进行概念检测的特征向量。得到视觉特征匹配概念 C 的结果，计算如式(7.26) 所示。

$$M\_\text{Feature}(C)=\sum_{i}w_i p_i \tag{7.26}$$

其中：w_i 是对应于 VO_i 的权重；p_i 是对应于 VO_i 的分类器的分类结果。

7.4　实验结果与分析

数据源于武汉市长江大桥阅马场隧道智能监控系统、武昌火车站隧道智能监控系统、汉口火车站隧道智能监控系统、汉阳拦江路隧道智能监控系统、水果湖隧道智能监控系统、八一路隧道智能监控系统以及东湖隧道智能监控系统等监控视频数据，取 2015～2016 年的视频作为实验数据。其中训练数据库来自于 ImageNet、KTH 人体行为库以及异常数据库 AVSS 2007。如图 7.14～图 7.18 所示。

图 7.14　监控视频车辆特征训练数据集

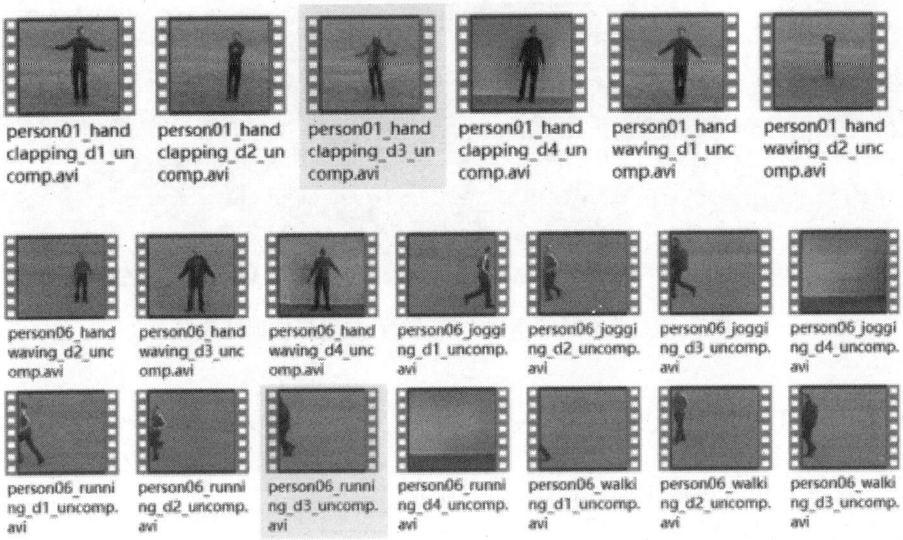

图 7.15　监控视频行人特征训练数据集

图 7.16　监控视频行人车辆交互事件训练数据

图 7.17　监控视频车辆掉头、变道事件训练数据

图 7.18 监控视频车辆火灾、逆行、故障事件训练数据

7.4.1 匹配对比实验

这里采用改进的 KMP 算法,如下所示。

Input:待匹配对象
Output:匹配结果

Begin
1. 将待匹配的基准图和子转换为二维矩阵数据,像素之间用空格隔开。
2. 将转换后的二维矩阵数据的每一行数据作为一个模式串,转换后的基准图二维矩阵数据作为目标串。如果当前子图中的一整行数据没有在基准图中找到匹配位置,则该行数据串截取一半,重新匹配。如果找到匹配位置,记录该位置。
3. 如果子图中连续多行在基准图中找到匹配位置,则说明匹配成功。
4. 否则匹配失败。

End

在本实验中,首先根据前面定义的视频事件场景,并根据相关的规则,获取路口车辆转向、直行等行为及人车交互、碰撞、火灾等事件,根据提出的特征提取方法提取分类后的特征向量,分别对视频行为创建多个样本作为训练样本集。

首先从标准视频库中选取同一行为的若干标准行为图片,经过训练获得特征值并入库,作为规则库;然后输入若干相关行为视频帧图片进行识别,实验说明采用上述方法进行事件行为的识别率较高,能满足实际需求。

7.4.2　实验分析

由图 7.19 可以看出，在一个视频里面，视频事件是由多个子事件构成，因此训练和匹配事件时，可能涉及多个事件的组合。在对视频帧按照事件进行分类并归一化时，背景根据低层特征近似提取所定义的场景类型。针对规则定义场景提取分析结果示例如图 7.20 所示。

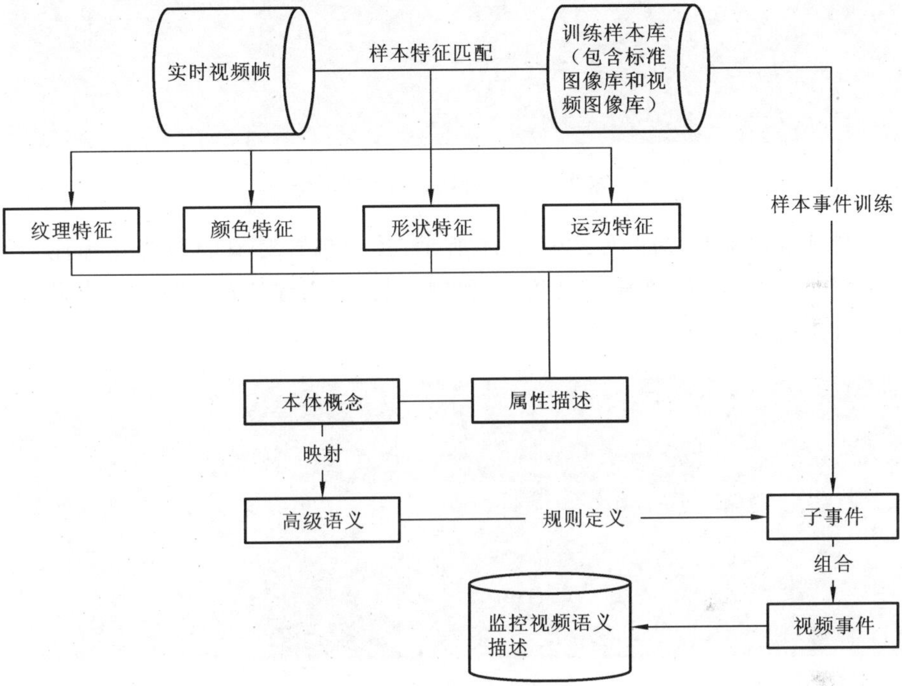

图 7.19　事件语义识别

图 7.20　夜晚和户外白天

例如，根据道路属性分析，可以得到一般乡村道路没有标志线，因此可以根据这一特性来进行分析；而校园场景一般行人较多且车流量不是很大，如图 7.21 所示。

图 7.21　乡村场景和校园夜景

异常事件检测如图 7.22—7.24 所示，其中包含对象的形式化标注。例如，当车流量比较大，车辆有变道嫌疑的情况就要引起注意，图 7.22 中显示为跨越标志线变道。

图 7.22　车辆变道行为标注

图 7.23　人车交互行为标注

图 7.24　行人异常行为检测标注

多行人出现在人行道且车辆较多,可判断为人车交互如图 7.23 所示。当行人出现在非人行道或者在非人行的道路上出现除了人对象以外的检测对象,可以标记为异常,如图 7.24 所示。根据火灾颜色特征利用码本方法,再结合车辆属性的检测,标记的火灾检测情况如图 7.25 所示。当检测到一定区域内出现多个目标对象时,就可以根据关联性来分析具体情况。例如,隧道的车辆检测过多可以认为此时出现拥堵状况,如图 7.26 所示。

图 7.25　视频火灾标注

图 7.26　多帧对比检测到拥堵现象标注

由上面的实验结果可以得出,通过对视频常见的事件进行事先的规则定义,并制定相关规则,再结合相关的相似度计算方法和特征之间的提取量化匹配,可以进行语义标注。

其中加入属性和运动特征的对象提取分析方法在对象识别上的准确率优于未加入这二者的对象提取，并且虚警率相比而言更低，并且在颜色评价上有所提高，本章所研究的视频数据集具体结果如表 7.4 所示。

表 7.4 视频语义车辆对象提取分析对比

对象	检测准确率/%	虚警率/%	颜色评价/%
只用本体+SIFT	79.20	9.53	71.35
加入属性+运动	81.36	5.26	72.68

通过表 7.4 的数据，可以看到在针对视频车辆识别检测的情况下，加入属性和运动特征的评价标准，能够提高准确率。

同时针对所研究的视频内容，研究的事件主要包括常见的几种，如车辆逆行、人车交互、行人异常、火灾等具体事件语义信息的提取分析，并通过标注结果正确与否来验证所检测的事件正确与否。具体结果如表 7.5 所示。

表 7.5 具体示例事件检测实验结果

事件	车辆逆行	人车交互	行人异常	火灾
准确率/%	64.80	72.75	65.60	87.03
召回率/%	71.50	73.03	69.20	74.61

通过表 7.5 可以看出，针对具体事件，拟定相应规则，针对研究视频内容能取得相对不错的效果，验证了本章方法的有效性。

7.5 视频语义检索方法

对视频图像进行语义标注就是为了进一步的语义检索。本书对此进行了一些研究。

在计算机视觉研究方面词袋模型 BoW(bag-of-words)主要用于视频帧图像分类和检索。词袋模型将视频帧的特征向量作为基本视觉单词，然后用视觉单词构建视觉词典[160,161]。将视频帧表示为基于词典的直方图用于视频语义检索。视觉词典是视觉单词的集合，视觉单词是指目标中相似的特征点或特征向量的合成。本章采用 K-means 聚类法来生成视觉单词。BoW 建立过程如下。

Step1：利用 SIFT 特征提取算法在视频中提取目标对象特征点，即视觉单词；

Step2：用 K-means 进行聚类，构建词汇表；

Step3：依据聚类中心得到词汇表以后，进行直方图统计，查找每张视频帧中与关键点距离最小即最相似的聚类中心，则增加对应的聚类中心所代表的值，获取最终 BoW 的数据。

根据上述提出的多层次视频语义分析方法，在相似的视频帧中，相似度高的视频帧具有相似的聚类中心，并且在视频帧的对应位置也相似。为了提高检索效果以得到最相似的结果，应该对视频帧的对应位置进行相似度计算。视频帧的相似度可从多方面计算图像相似度，来提高精度，多个计算相似度方法计算多个相似度，取最大相似度作为帧间的相似度。

Step1：选取多个感兴趣区域与检索数据库中图像的对应多个位置的加权计算相似度。将视频帧图像按直角坐标系划分区域，然后计算感兴趣区域与视频帧图像对应坐标区域的相似度，加权得到总体相似度。

Step2：将各个感兴趣区域与检索视频帧图像数据库数据中图像整体计算得到相似度。提取各个感兴趣区域的低层特征与库中图像的低层特征，然后计算各个感兴趣区域与整幅图像的相似度，加权得到总体相似度。

Step3：计算整幅检索实例图像与整幅视频帧图像的相似度，这种计算方法考虑全局因素。提取两幅帧图像整体的颜色、纹理和形状特征，计算两幅图像的颜色和纹理加权相似度。码本构建算法描述如下所示。

Input：帧图像

Output：构建码本

Begin

(1) 假设训练集有 N 幅帧图像，对训练集进行预处理，如归一化等等。

(2) 提取 SIFT 特征。对每一幅帧图像提取 SIFT 特征并用 128 维的描述子矢量表示每一个特征，假设 N 幅帧图像共提取出 M 个 SIFT 特征。

(3) 用 K-means 对 M 个 SIFT 特征进行聚类，以 K 为参数，把 M 个对象分到 K 个簇，计算一幅帧图像的每个 SIFT 特征到视觉词的距离，并将其映射到距离最近的视觉词中。把帧图像就变成了一个与视觉词汇序列相对应的词频矢量。

(4) 构造码本。码本矢量归一化，因为每一幅帧图像的 SIFT 特征个数不定。

End

针对上面所设计的方案，提出如图 7.27 所示的基于多层次视频语义检索框架。

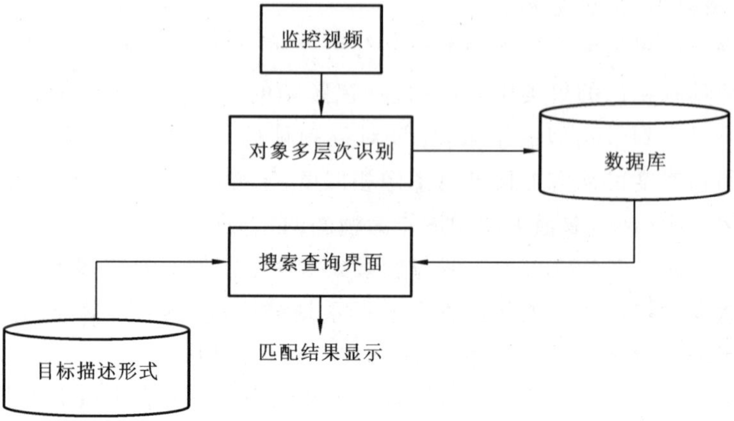

图 7.27　视频对象检测

7.5.1　颜色特征相似度

采用前面所说的欧氏距离，两幅图像的颜色直方图的欧氏距离为

$$\mathrm{DIST}_{\mathrm{color}} = \sqrt{\sum_{i=0}^{255} (C_i^Q - C_i^I)^2} \tag{7.27}$$

其中：C_i^Q、C_i^I 为检索视频帧图像数据库中图像的颜色直方图和检索示例图像的颜色直方图。提取不同的直方图，得到的距离也称颜色相似度，计算得到多个感兴趣区域图像与检索视频帧图像数据库中图像的颜色直方图的距离，检索示例图像与检索数据库中图像整体的颜色直方图距离。

7.5.2　纹理特征相似度

纹理特征相似度采用欧氏距离进行计算，将纹理特征向量归一化，假如图像 $\boldsymbol{I}_1$ 和图像 $\boldsymbol{I}_2$ 特征向量为 $\boldsymbol{f}_1$ 和 $\boldsymbol{f}_2$，则

$$\mathrm{DIST}_t(\boldsymbol{I}_1, \boldsymbol{I}_2) = \sqrt{\sum_{j=1}^{n} (\boldsymbol{f}_{1j} - \boldsymbol{f}_{2j})^2} \tag{7.28}$$

其中：根据特征向量 $\boldsymbol{f}_1$、$\boldsymbol{f}_2$ 的数值得到不同的纹理距离，进而得到不同的相似度。计算得到多个感兴趣区域视频帧图像与检索图像数据库中的图像的纹理特征的距离，检索示例视频帧图像与检索数据库中图像整体的纹理特征的距离。

7.5.3 帧间相似度

描述视频帧的 SIFT 矢量都是 128 维的，一般用聚类算法对这些矢量数据进行聚类，来获取相似度。然后用聚类中的中心代表 BoW 中的一个视觉词，将同一幅帧图像的 SIFT 矢量映射到视觉词序列生成码本，这样每一幅图像只用一个码本矢量来描述，可以提高效率。

将视频帧图像类比成文档，即每一帧类比成一个文档，提取的诸如 SIFT 特征点视为文档中的单词，然后把从图像库中提取的所有 SIFT 特征点进行聚类，从中得到具有代表性的聚类中心也就是单词，再对每一幅图像中的 SIFT 特征点找距离它最近的聚类中心，做词频（TF）统计。如图 7.28 所示，a，b，c，d 分别与⑩，⑤，①，④最近，则 words=[10，5，1，4]。词频统计后，为了降低干扰，再计算逆文档词频（IDF），也就是给 TF 乘上个权重，如图7.29所示。

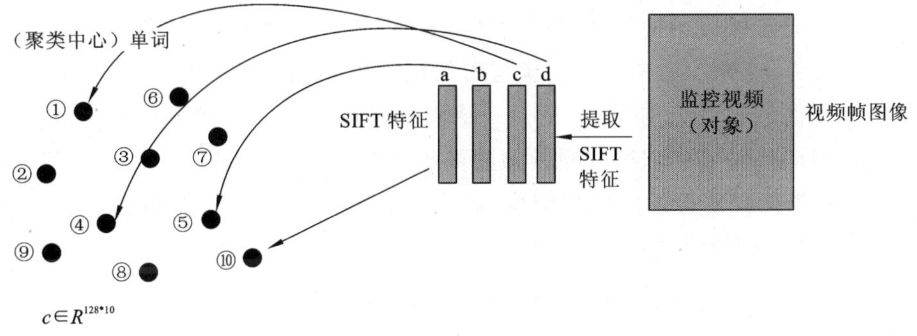

图 7.28 聚类词频统计

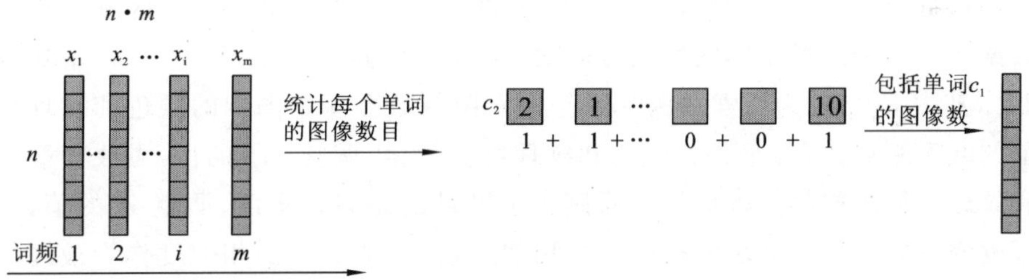

图 7.29 频率统计

设单词数目为 n 个，图像个数为 m 个。以统计第 2 个单词文档数为例，统计非零元个数，图像 x_1 包括单词 c_2，故该文档计入加 1，没有包含 c_2 的为 0。

针对查询的视频帧图像，提取 SIFT 然后统计 TF 后乘以上面的 IDF 便可得到 ID-IDF 向量，然后进行归一化，用内积做相似性度量。相似性度量也会加入距离计算法则，如图 7.30 所示。

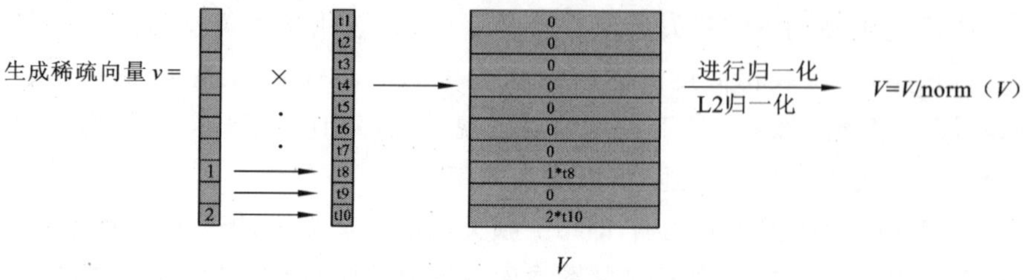

图 7.30　归一化

语义相似度计算为检索前更精确的视频段分类提供可能的技术支持。

7.5.4　视频语义检索过程

设感兴趣区域与检索数据库中图像的对应位置，整幅帧图像的相似度分别为 S_1、S_2，检索示例视频帧图像与图像数据库中图像的相似度 S_3。提取三个感兴趣区域权值分别为 x_1、x_2、x_3.感兴趣区域与检索图像数据库（语料库）中图像对应位置的相似度和视频帧图像整体的相似度分别为 y_1、y_2、y_3 和 z_1、z_2、z_3，w 为两幅图像的整体相似度，综合颜色和纹理特征计算得到的欧氏距离归一化之后得到相似度。

$$S_1 = x_1 y_1 + x_2 y_2 + x_3 y_3, \quad S_2 = x_1 z_1 + x_2 z_2 + x_3 z_3, \quad S_3 = w$$

其中：$y_i = \alpha y_{i1} + \beta y_{i2}$；$z_i = \alpha z_{i1} + \beta z_{i2}$。

y_{i1}，y_{i2} 为每个感兴趣区域与检索视频帧图像数据库中各个图像对应位置的颜色特征欧氏距离、纹理特征欧氏距离。z_{i1}，z_{i2} 为各个感兴趣区域与检索数据库中各个图像整体的颜色特征欧氏距离、纹理特征欧氏距离。$w = \alpha w_1 + \beta w_2$，其中 w_1，w_2 为检索示例图像与检索图像数据库中图像的颜色和纹理特征的欧氏距离。α，β 分别为颜色和纹理特征权值，调整 α，β 的值，可改变颜色和纹理特征的权值。根据用户对感兴趣区域的感兴趣程度，调整 x_i 的值，可以改变不同感兴趣区域的权值。在相似度值中，取最大的相似度作为最终的相似度：$S_{相似度} = \max\{S_1, S_2, S_3\}$。本章所提的视频语义检索方法的步骤如下。

Step1：对检索示例视频帧图像 P 选取若干个感兴趣区域，然后对检索示例图像 P 的感兴趣区域和检索图像数据库中的图像提取颜色和纹理特征。

Step2：利用多种方式计算检索视频帧图像 P 与图像数据库中的各个图

像的多个相似度。计算相似度，取最大的相似度作为两幅图像的最终相似度。

Step3：计算检索示例图像与检索数据库中各个图像的相似度，按相似度大小排序，输出排在前面图像作为检索结果。

Step4：对检索的结果进行检查，判断是否符合用户的要求，如不符合要求，用户可以改变公式中系数 α、β 和 x_i 的值，进而改变相似度度量，然后返回步骤 Step1 重新进行检索，直到检索的结果满足用户需求。

Step5：输出结果。

本章的方法中，当检索结果与用户检索要求不相符时，可以根据特定的检索示例图像的低层特征进行调整，如某一个感兴趣区域是最像检索得到的结果，可以提高感兴趣区域的权值，即适当修改系数，改变相似度的度量方式，然后再进行检索，能够使检索结果更接近目标结果。

针对以上实验和分析，设计并实现一个检索系统来验证本章方法。

(1) 训练过程：将训练集图像先使用算法提取低层特征向量，初始化视觉词典，并使用该词典对特征向量编码。对编码后结果使用运算，得到高层局部特征向量。将原视频帧图像在的层级的空间模型中生成全局特征，并把全局特征与高层局部特征结合，结合分类器生成分类集完成训练。

(2) 测试过程：获取测试集的视频帧图像局部低层特征向量，直接使用训练过程中生成的视觉词典完成特征量化，将量化后的特征做运算得到高层局部特征向量。对原视频帧图像在层级空间下提取全局特征，与高层局部特征相结合，将其作为分类器的输入。

在检索过程中所研究的监控视频典型的对象和事件的准确率如表 7.6 所示。

表 7.6　检索准确率　(单位：%)

方法	车	行人	人车交互	火灾检测
本文方法	81.36	67.61	72.75	87.03
纹理+颜色方法	67.80	58.2	66.10	75.31
方向特征方法	—	—	—	84.63
基于本体方法	77.21	62.90	68.63	—

从表 7.6 的实验结果可以看出，本章的方法在针对特定的监控视频语义的提取基础上，有更好的实验结果，即检索的准确率高。由于在颜色、形状等方面的覆盖和组合，在灰度化图像后会使检索的准确率有一定的下降，产生一定的误差。当然在检测的时候，既可以通过形状又可以通过颜色纹理来验证目标对象，进而也可提高检索准确率。

参考文献

[1] 朱定局.视频大数据智慧计算方法[M].北京:科学出版社,2015.

[2] 谢剑斌.视觉大数据基础与应用[M].北京:清华大学出版社,2015.

[3] 赵耀,韦世奎,王树徽.跨媒体时代的知识表达感知、关联及一致性表示[J].中国计算机学会通讯,2014,10(7):8-13.

[4] 岳昆.数据工程:处理、分析与服务[M].北京:清华大学出版社,2013.

[5] CCF 大数据专家委员会.2014 年大数据发展趋势预测[J].中国计算机学会通讯,2014,10(1):32-35.

[6] 邓亚峰.计算机视觉大规模应用的必经之路[J].中国计算机学会通讯,2017,13(4):46-50

[7] 王骞.视频监控中的行人检测与再识别研究[D].武汉:武汉大学,2016

[8] 邢远秀.低质劣图像的角点特征提取与匹配算法研究[D].武汉:武汉大学,2014

[9] 魏本昌.基于内容的大规模图像检索技术研究[D].武汉:华中科技大学,2015.

[10] 徐海蛟.图像语义标注与检索方法研究[D].武汉:华中科技大学,2015.

[11] LIANG R, YAN L, GAO PQ, et al. Aviation video moving-target detection with inter-frame difference [C]. Proceedings of the 3rd International Congress on Image and Signal Processing (CISP), 2010, 3:1494-1497.

[12] SONG H J, SHEN M L. Target tracking algorithm based on optical flow method using corner detection [J]. Multimedia Tools and Applications, 2011, 52(1):121-131.

[13] BENEZETH Y, JOBOIN P M, EMILE B, et al. Comparative study of background subtraction algorithms[J]. Journal of Electronic Imaging, 2010, 19(3):12.

[14] LIN H H, CHUANG J H, LIU T L. Regularized background adaptation: A novel learning rate control scheme for gaussian mixture modeling[J]. IEEE Transactions on Image Processing, 2011, 20(3): 822-836.

[15] KIM K, CHALIDABHONGSE T H, HARWOOD D, et al. Background

modeling and subtraction by codebook construction[C]. Proceedings of International Conference on Image Processing,2004,5:3061-3064.

[16] KIM K,CHALIDABHONGSE T H,HARWOOD D,et al. Real-time foreground-background segmentation using CodeBook model[J]. Real-Time Imaging,2005,11(3):172-185.

[17] OJALA T,PIETIKAINEN M,MAENPAA T,et al. Multiresolution gray-scale and rotation invariant texture classification with local binary patterns[J]. IEEE Transactions on Pattern Analysis and Machine Intelligence,2002,24(7):971-987.

[18] LIU J,JING X,SUN S,et al. Local gabor dominant direction pattern for face recognition[J]. Chinese Journal of Electronics, 2015, 24(2): 245-250.

[19] 刘海娟,王玲,李兰花. 基于方向边缘幅值的尺度块 LBP 人脸识别[J]. 计算机工程与应用,2015,51(17): 177-181.

[20] YUE Y,AN Z,WU H. Adaptive targets-detecting algorithm based on LBP and background modeling under complex scenes[J]. Procedia Engineering,2011,15(1): 2489-2494.

[21] HEIKKILA M, PIETIKAINEN M. A texture-based method for modeling the background and detecting moving objects[C]. Proceedings of IEEE Transactions on Pattern Analysis and Machine Intelligence, 2006,28 (4):657-662.

[22] DAVARPANAH S H,KHALID F,ABDULLAH L N,et al. A texture descriptor: Background local binary pattern (BGLBP)[J]. Multimedia Tools and Applications,2015,15(7):1-20.

[23] 贾永华,张文聪,浦世亮. 基于纹理特征和颜色特征相融合的背景建模方法[J]. 中国公共安全,2011 (4):177-181.

[24] 乐应英,胡静波. 融合 LBP 与背景建模的自适应目标检测混合算法[J]. 计算机与数字工程,2013,41 (7):1081-1084.

[25] BARNICH O, VAN DROOGENBROECK M. ViBe: A universal background subtraction algorithm for video sequences[J]. IEEE Transactions on Image Processing,2011,20(6):1709-1724.

[26] VANOGENBROECK M, PAQUOT O. Background subtraction: Experiments and improvements for ViBe[C]. Proceeding,of Computer

Society Conference on Computer Vision and Pattern Recognition Workshops (CVPRW). 2012:32-37.

[27] LIAO S C, ZHAO G Y, KELLOKUMPU V, et al. Modeling pixel process with scale invariant local patterns for background subtraction in complex scenes[C]. Proceedings of IEEE Conference on Computer Vision and Pattern Recognition (CVPR),2010:1301-1306.

[28] ZHANG Y, XU H Z, LUO MAN. A HSV-SILTP based shadow suppression approach for moving vehicle extraction[C]. Proceedings of the 7th International Conference on Image and Graphics (ICIG),2013: 846-851.

[29] 杨国亮,周丹,张进辉. 基于 SILTP 纹理信息的运动目标检测算法[J]. 计算机科学,2014,41(4):302-305.

[30] XU H Z, YU F. Improved compressive tracking in surveillance scenes [C]. Proceeding of 2013 Seventh International Conference on Image and Graphics (ICIG). 2013:869-873.

[31] TAN X, TRIGGS B. Enhanced local texture feature sets for face recognition under difficult lighting conditions[J]. IEEE Transactions on Image Processing,2010,19(6):1635-1650.

[32] JIANG L, YU S I, MENG D, et al. Text-to-video: A semantic search engine for internet videos [J]. International Journal of Multimedia Information Retrieval,2016,5(1):3-18.

[33] 王娟,蒋兴浩,孙锬锋. 视频摘要技术综述[J]. 中国图象图形学报,2014, 19(12):1685-1695.

[34] 刘丽,匡纲要. 图像纹理特征提取方法综述[J]. 中国图象图形学报, 2009,14(4):622-635.

[35] BRINDHA N, VISALAKSHI P. Bridging semantic gap between high-level and low-level features in content-based video retrieval using multi-stage ESN-SVM classifier[J]. Sādhanā,2017,42(1):1-10.

[36] 王崇骏,杨育彬,陈世福. 基于高层语义的图像检索算法[J]. 软件学报, 2004,15(10):1461-1469.

[37] 贾阳,林高华,王进军,等. 基于显著性检测和高斯混合模型的早期视频烟雾分割算法[J]. 计算机工程,2016,42(2):206-209.

[38] ROOMI M, RAJA R, KARTHICK K. Survey on content based video

retrieval[J]. International Journal of Applied Engineering Research, 2014,9(24):28055-28077.

[39] 邹一波,陈一民. 基于运动标签的异常行为检测算法[J]. 计算机应用与软件,2015,32(5):238-240.

[40] 同鸣,王硕,丁力伟,等. HCRF 和网络文本的精彩事件自动检测定位[J]. 西安电子科技大学学报(自然科学版),2015,42(4):81-87.

[41] RUSSAKOVSKY O,DENG J,SU H,et al. ImageNet large scale visual recognition Challenge[J]. International Journal of Computer Vision, 2015,115(3):211-252.

[42] 潘磊,周欢,王明辉. 适用于密集人群的异常事件实时检测方法[J]. 计算机应用,2016,36(6):1719-1723.

[43] 张鹏,陈湘军,阮雅端,等. 采用稀疏 SIFT 特征的车型识别方法[J]. 西安交通大学学报,2015,49(12):137-143.

[44] 刘万军,梁雪剑,曲海成. 基于双重优化的卷积神经网络图像识别算法[J]. 模式识别与人工智能,2016,29(9):856-864.

[45] XU M,DUAN L Y,CHIA L T,et al. Audio keyword generation for sports video analysis[C]. Proceedings of ACM International Conference on Multimedia,New York,2004:758-759.

[46] 范菁,阮体洪,吴佳敏,等. 基于二次谱聚类和 HMM-RF 混合模型的车辆行为识别方法研究[J]. 计算机科学,2016,43(5):288-293.

[47] INOUE N,SHINODA K. n-gram Models for Video Semantic Indexing [C]. Proceedings of ACM International Conference on Multimedia, 2014,777-780.

[48] SZEGEDV C,LIU W,JIA Y,et al. Going deeper with convolutions[C]. Proceedings of IEEE Conference on Computer Vision and Pattern Recognition. IEEE Computer Society,2014:1-9.

[49] 朱丽英,梁辰,张鸿洲. 基于运动目标的监控视频检索方法[J]. 计算机应用与软件,2011,28(12):96-98.

[50] 同鸣,丁力伟,姬成龙. 融合 HCRF 和 AAM 的足球视频精彩事件检测[J]. 计算机研究与发展,2014,51(1):225-236.

[51] BALLAN L,BERTHINI M,BIMBO A D,et al. Event detection and recognition for semantic annotation of video[J]. Multimedia Tools and Applications,2011,51(1):279-302.

[52] 张新峰,肖坦,安国成.基于极限学习机的视频异常行为检测算法[J].中国铁路,2015(7):89-92.

[53] 何传阳,王平,张晓华,等.基于智能监控的中小人群异常行为检测[J].计算机应用,2016,36(6):1724-1729.

[54] MAZLOOM M,LI X,SNOEK C G M. TagBook: A semantic video representation without supervision for event detection [J]. IEEE Transactions on Multimedia,2016,18(7):1378-1388.

[55] 钱晓峰,阎伟.基于形状特征划分的树状区域匹配图像检索[J].南京理工大学学报,2001,25(1):48-52.

[56] 夏利民,杨宝娟,蔡南平.监控视频中基于案例推理的人体可疑行为识别[J].小型微型计算机系统,2014,35(8):1891-1896.

[57] 王敏超,詹永照,荀建平,等.面向视频语义分析的局部敏感的可鉴别稀疏表示[J].计算机科学,2015,42(9):313-318.

[58] BIRIS O,MUNDY J L. High resolution surveillance video compression using JPEG2000 compression of random variables [M]// Computer Vision, Imaging and Computer Graphics. Theory and Application. Springer Berlin Heidelberg,2013:301-312.

[59] GOTMARE K, FULARE P. Implementation of vector based image annotation for content based image retrieval [C]. Proceedings of International Conference on Computer, Communication and Control. 2015:1-6.

[60] SNOEK C G M, CAPPALLO S, FONTIJNE D, et al. Qualcomm research and university of amsterdam at TRECVID 2015: Recognizing concepts, objects, and events in video [J]. Trec Video Retrieval Evaluation Notebook Papers & Slides,2015.

[61] 蒋元友.一种基于聚类的关键帧提取算法[J].数字技术与应用,2014(11):126-127.

[62] QU Z,LIN L,GAO T,et al. An improved keyframe extraction method based on HSV colour space [J]. Journal of Software, 2013, 8 (7): 201-209.

[63] THEPADE S D,PATIL P H. Novel visual content summarization in videos using keyframe extraction with thepade's sorted ternary block truncation coding and assorted similarity measures[C]. Proceedings of

International Conference on Communication, Information & Computing Technology. 2015:1-5.

[64] HUANG L, YE C H. The research and implementation of keyframe extracion methods in content-based teaching video retrieval[C]// International Conference on Consumer Electronics, Communications and Networks. IEEE, 2012:2179-2182. l[C]. Proceedings of Consumer Electronics, 2012 2nd International Conference on. IEEE, 2012: 2179-2182.

[65] 刘荣,金国伟. 基于背景差分和光流法的运动目标检测与跟踪[J]. 现代制造技术与装备,2015(2):8-11.

[66] WANG Y, SUN S, DING X. A Self-adaptive Weighted Affinity Propagation Clustering for Key Frames Extraction on Human Action Recognition[M]. Academic Press, Inc. 2015.

[67] THAKRE K S, RAJURKAR A M, MANTHALKAR R R. Video partitioning and secured keyframe extraction of MPEG video ☆[J]. Procedia Computer Science, 2016, 78:790-798.

[68] 卜庆凯,胡爱群. 一种新的镜头边界检测和静态视频摘要提取方法[J]. 东南大学学报:自然科学版,2007(4):559-564.

[69] 刘艳红. 视频镜头分割算法综述[J]. 科技创新与应用,2014,4(16):49-50.

[70] 钟忺. 视频语义特征提取方法研究[D]. 武汉:华中科技大学,2013.

[71] 钟忺,杨光,卢炎生. 基于双阈值滑动窗口子镜头分割和完全连通图的关键帧提取方法[J]. 计算机科学,2016,43(6):289-293.

[72] SENGUPTA A, THOUNAOJAM D M, SINGH K M, et al. Video shot boundary detection: A review[C]// IEEE International Conference on Electrical, Computer and Communication Technologies. IEEE, 2015: 1-6.

[73] 丁洪丽,陈怀新. 基于累积直方图的视频镜头边界检测方法[J]. 电讯技术,2008,48:65-69.

[74] DHANDI S T, DESHMUKH P R. New technique for keyframe extraction using block based histogram[J]. International Journal of Advanced Research in Computer Science, 2012, 3(3):794-801.

[75] SAINUI J, SUGIYAMA M. Minimum dependency key frames selection

via quadratic mutual information [C]. Proceedings of Tenth International Conference on Digital Information Management,2015.

[76] 刘高军,杨丽.改进的互信息量相似度曲线关键帧提取研究[J].计算机应用与软件,2014(2):153-156.

[77] 范自柱,刘二根.一种新的颜色信息熵图像检索方法[J].计算机应用研究,2008,25:281-282.

[78] CHEN B W,BHARANITHARAN K,WANG J C,et al. Novel mutual information analysis of attentive motion entropy algorithm for sports video summarization[J]. Lecture Notes in Electrical Engineering,2014,260(2):1031-1042.

[79] 蔡家楣,陈洋,陈铁明,等.结合互信息量与模糊聚类的关键帧提取方法[J].计算机系统应用,2010,4 (4):73-76.

[80] ZHANG Q,ZHANG S,ZHOU D. Keyframe extraction from human motion capture data based on a multiple population genetic algorithm [J]. Symmetry,2014,6(4):926-937.

[81] 陈赞,杨卫英,张正军.基于互信息量的关键帧全局优化提取方法[J].电视技术,2011,35(7):26-28.

[82] 赵涓涓,屈明月,强彦,等.基于互信息的肺部 PET-CT 图像非刚性配准[J].清华大学学报(自然科学版),2013,98(8): 1091-1097.

[83] 林新棋,李海涛,林云玫.基于多尺度互信息量的数字视频帧篡改检测[J].计算机工程,2015(4):246-252.

[84] 陈曦,贾克斌,王思文.基于互信息量的镜头边界检测算法[J].计算机工程,2014,40(4):287-290.

[85] 周萍.基于目标变化的监控视频关键帧提取方法[J].计算机与现代化,2016:(8):60-64.

[86] 熊泽东.基于压缩域的视频关键帧提取算法研究与应用[D].上海:东华大学,2012.

[87] 李顺意,侯进,甘凌云.基于帧间距的运动关键帧提取[J].计算机工程,2015(2):242-247.

[88] 马利克,彭进业,冯晓毅.基于聚散熵及运动目标检测的监控视频关键帧提取[J].西北工业大学学报,2015(3):462-466.

[89] 杨臻,杨志宏.基于多层核心集凝聚思想的视频关键帧提取[J].计算机应用与软件,2015(9):144-148.

[90] PAN S, SUN S, YANG L, et al. Video Shot segmentation algorithm based on SURF [C]// International Conference on Mechatronics, Materials, Chemistry and Computer Engineering. 2015.

[91] XING Y C, SUN E Q, LU Y, et al. Multi-scale shot segmentation based on weighted subregion color histogram [J]. Journal of Information Hiding & Multimedia Signal Processing, 2015, 6(3): 622-628.

[92] 李宗杰. 基于多层级颜色直方图差异的视频镜头分割方法研究[D]. 北京:北京理工大学,2016.

[93] 杨之杰. 视频监控中异常场景检测与分析研究[D]. 上海:上海交通大学,2014.

[94] 方宏俊,宋利,杨小康. 适配分辨率动态变化的低复杂度视频场景切换检测方法[J]. 计算机科学,2017(2):290-295.

[95] HONG Y, TANG Q, GAO X, et al. Efficient R-Tree Based Indexing Scheme for Server-Centric Cloud Storage System [J]. IEEE Transactions on Knowledge & Data Engineering, 2016, 28 (6): 1503-1517.

[96] REARDON J. B-Tree-Based Secure Deletion [M]// Secure Data Deletion. Springer International Publishing, 2016.

[97] GIAO B C, ANH D T. Improving Sort-Tile-Recusive algorithm for R-tree packing in indexing time series[M]. IEEE, 2015.

[98] MIRO J M, MIR A, RUIZ M J. R-TREE: Implementation of Decision Trees using R[J]. Frontiers in Cellular Neuroscience, 2015, 9.

[99] SLEIT A, Al-NSOUR E. Corner-based splitting: An improved node splitting algorithm for R-tree[J]. Journal of Information Science, 2014, 40(2): 222-236.

[100] SIDLA O, PALETTA L, LYPETSKYY Y, et al. Vehicle recognition for highway lane survey[C]. Proceedings of International IEEE Conference on Intelligent Transportation Systems, IEEE, 2004: 531 -536.

[101] 罗声平,姚剑敏,郭太良. 基于特征点扩充及 PCA 特征提取的 ASM 定位算法[J]. 光电子技术,2015,35(1):39-44.

[102] SCHNEIDERMAN H, KANADE T. A Statistical Method for 3D object detection applied to faces and cars[C]. Proceedings of Computer Vision & Pattern Recognition, Carnegie Mellon Uiversity, 2000: 0-6.

[103] 雷琳,王壮,粟毅,等.基于多尺度 Gabor 滤波器组的不变特征点提取新方法[J].电子学报,2009,37(10):2314-2319.
[104] SUN Z,BEBIS G,MILLER R. On-road vehicle detection using Gabor filters and support vector machines[C]. Proceedings of International Conference on Digital Signal Processing. 2002,2:1019-1022.
[105] 金立军,闫书佳,刘源.基于类 Haar 特征与级联 AdaBoost 算法的防震锤识别[J].系统仿真学报,2012,24(9):60-63.
[106] 李梦涵,熊淑华,熊文,等.多尺度级联行人检测算法的研究与实现[J].计算机技术与发展,2014:(8):10-13.
[107] 周致富,吴怀宇,张志芬,等.小样本条件下基于随机森林和 Haar 特征的多姿态人脸识别[J].计算机应用与软件,2015,32(12):108-113.
[108] 石光明,刘丹华,高大化,等.压缩感知理论及其研究进展[J].电子学报,2009,37(5):1070-1081.
[109] 景华炯.非局部自适应高效图像去噪算法研究[D].杭州:杭州电子科技大学,2014.
[110] 曾祥永.高斯随机测量矩阵的研究[J].硅谷,2014(16):30-31.
[111] 马乐,吴斌,王蒙.基于 MBLBP 与 Haar 特征提取的驾驶疲劳检测[J].北京师范大学学报(自然科学版),2011,47(3):237-241.
[112] 曹莹,苗启广,刘家辰,等. AdaBoost 算法研究进展与展望[J].自动化学报,2013,39(6):745-758.
[113] FUKUNAGA K,HOSTETLER L D. The estimation of the gradient of a density function, with applications in pattern recognition[J]. IEEE Transactions on Information Theory,1975,21(1):32-40.
[114] BRADSKI G. Computer vision face tracking for use in a perceptual user interface [J]. Intel Technology Journal,1998,2(Q2):1-15.
[115] COMANICIU D,RAMESH V,MEER P. Kernel-based object tracking [J]. IEEE Transactions on Pattern Analysis and Machine Intelligence, 2003,25(5):564-577.
[116] COAMICIU D,RRAMESH V,MEER P. Real-time tracking of non-rigid objects using mean shift [C]. IEEE Conference on Computer Vision and Pattern Recognition,2000: 142-149.
[117] NING J,ZHANG L,ZHANG D,et al. Robust mean shift tracking with corrected background-weighted histogram [J]. ET Computer

Vision,2012,6(1):62-69.

[118] OJALA T ,PITTIKAINEN M,MAENPAA T. Multiresolution gray-scale and rotation invariant texture classification with local binary patterns [J]. IEEE Transactions on Pattern Analysis and Machine Intelligence,2002,24(7):971-987.

[119] HEIKKIA M, PIETIKAINEN M. A texture-based method for modeling the background and detecting moving objects [J]. IEEE Transactions on Pattern Analysis and Machine Intelligence,2006 ,28 (4):657-662.

[120] NING J,ZHANG L,ZHANG D,et al. Robust object tracking using joint color-texture histogram [J]. International Journal of Pattern Recognition and Artificial Intelligence,2009,23(7):1245-1263.

[121] PONOMAREV A,NALAMWAR H S,BABAKOV I,et al. Content-Based Image Retrieval Using Color,Texture and Shape Features [J]. Key Engineering Materials,2016,685:872-876.

[122] HIDAYATULLAH P, ZUHDI M. Color-Texture Based Object Tracking Using HSV Color Space and Local Binary Pattern [J]. International Journal on Electrical Engineering & Informatics,2015, 7:161-174.

[123] Auto Face Detection and Tracking Algorithm Combining Color and Texture Features Based on Particle Filter [J]. Journal of Information & Computational Science,2014,11(17):6327-6336.

[124] WANG BAOYUN, FAN BAOJIE. Adoptive meanshift tracking algorithm based on the feature histogram of color and teature [J]. Journal of Nanjing University of Posts and Telecommunications, 2013,33(03):18-25.

[125] YAO YUANQING, LI FENG, ZHOU SHUREN. Target tracking based on color and the texture feature [J]. Computer Engineering & Science,2014,36(8):1581-1587.

[126] ZHONG XIAN. Research on video semantic feature extraction method [D]. Huazhong University of Science and Technology 2013.

[127] SILVA N, ROCHA J, CARDOSO J. E-Business Interoperability Through Ontology Semantic Mapping[M]. Processes and Foundations

for Virtual Organizations. Springer US,2004:315-322.

[128] HOYLE D C, BRASS A. Statistical mechanics of ontology based annotations[J]. Physica A Statistical Mechanics & Its Applications, 2016,442:284-299.

[129] FELLBAUM C,MILLER G. WordNet:An electronic lexical database [J]. Library Quarterly Information Community Policy,1998,25(2): 292-296.

[130] JIANG J J,CONRATH D W. Semantic similarity based on corpus statistics and lexical taxonomy[J]. Rocling X,1997:20-11512.

[131] RESNIK P. Semantic similarity in a taxonomy: An information-based measure and its, application to problems of ambiguity in natural language[C]// Semantic Ambiguity and Underspecification. 2011: 159-201.

[132] TVERSKY A. Features of similarity; psychological review [J]. Review,1977,84(4):290-302.

[133] 黄果,周竹荣,周亭. 基于领域本体的语义相似度计算研究[J]. 计算机工程与科学,2007,29 (5):112-117.

[134] 赵永金,郑洪源,丁秋林. 一种基于本体的语义相似度算法研究[J]. 计算机应用,2009,29 (11):3074-3076.

[135] 赵捧未,袁颖. 基于领域本体的语义相似度计算方法研究[J]. 科技情报开发与经济,2010,20 (8):74-77.

[136] 刘紫玉,黄磊. 基于领域本体模型的概念语义相似度计算研究[J]. 铁道学报,2011, 33 (1):52-57.

[137] 刘紫玉. 多专业领域本体的构建及语义检索研究[D]. 北京:北京交通大学,2009.

[138] 崔其文,解福. 改进的领域本体概念语义相似度计算方法[J]. 计算机应用与软件,2012,29 (2):173-174.

[139] 张兰芳. 一种基于本体的自然语言语义相似度算法[J]. 桂林理工大学学报,2012,32 (2):253-258.

[140] 王朕,陆能枝. 基于树状结构的语义相似度算法改进[J]. 现代计算机,2015 (6):27-30.

[141] 曹叡,吴玲达. 一种改进的领域本体语义相似度计算方法[J]. 微电子学与计算机,2014 (8):109-114.

[142] 何志辉,黄山,冉耕.一种改进视觉背景提取模型的运动目标检测算法[J].小型微型计算机系统,2015,36(11):2559-2562.

[143] STAUFFER C, GRIMSON W E L. Adaptive background mixture models for real-time tracking[C]// cvpr. IEEE Computer Society, 1999:2246.

[144] 孙水发,覃音诗,马先兵,等.室外视频前景检测中的形态学改进 Vibe 算法[J].计算机工程与应用,2013,49(10):159-162.

[145] KUMAR A, DYER S, KIM J, et al. Adapting content-based image retrieval techniques for the semantic annotation of medical images[J]. Computerized Medical Imaging & Graphics the Official Journal of the Computerized Medical Imaging Society,2016,49:37.

[146] BAI L, LAO S, GUO J. Video semantic concept detection using ontology[C]. Proceedings of Icimcs 2011, the Third International Conference on Internet Multimedia Computing and Service,Chengdu. DBLP,2011: 158-163.

[147] 郭鑫,陈千,向阳.基于特征本体的文本流主题检测研究[J].计算机应用研究,2016,33(2):396-399.

[148] INOUE N, SHINODA K. Vocabulary expansion using word vectors for video semantic indexing[C]. Proceedings of ACM International Conference on Multimedia,2015,851-854.

[149] INOUE N, SHINODA K. Adaptation of word vectors using tree structure for visual Semantics[C]. Proceedings of ACM on Multimedia Conference. ACM,2016:277-281.

[150] WANG X, JIANG Y G, CHAI Z, et al. Real-time summarization of user-generated videos based on semantic recognition[C]. Proceedings of ACM International Conference on Multimedia,2014: 849-852.

[151] SLIMI J, MANSOURI S, BEN AMMAR A, et al. Semantic browsing in large scale videos collection[C]. Proceedings of Conference on Open Research Areas in Information Retrieval,2013: 53-56.

[152] ZHANG Q, IZQUIERDO E. Histology image retrieval in optimized multifeature spaces [J]. IEEE Journal of Biomedical & Health Informatics,2013,17(1):240-249.

[153] 吕嘉卿,刘立程,郝禄国,等.基于视觉背景提取的自适应运动目标提取

算法[J]. 计算机应用,2015,35(7):2029-2032.

[154] JAIN M, GEMERT J C V, MENSINK T, et al. Objects2action: classifying and localizing actions without any video example[C]. Proceedings of IEEE International Conference on Computer Vision. 2015: 4588-4596.

[155] 汤文伟,于威威. 基于多标签数据的降维与分类算法的研究[J]. 现代计算机,2016(14):3-9.

[156] 付朝霞,王黎明. 基于时空兴趣点的人体行为识别[J]. 微电子学与计算机,2013(8):28-30.

[157]. 张腾飞,张合新,孟飞,等. 改进 Hausdorff 距离和量子遗传算法在激光制导中的应用[J]. 激光技术,2016,40(3):320-325.

[158] 李瑞峰,王亮亮,王珂. 人体动作行为识别研究综述[J]. 模式识别与人工智能,2014,27(1):35-48.

[159] WANKHEDE V A,MOHOD P S. Content-based image retrieval from videos using CBIR and ABIR algorithm[C]. Proceedings of Communication Technologies. IEEE,2015,767-771.

[160] 曹春红,赵大哲,张斌,等. 基于 PLSA-BOW 模型的医学影像分类算法的研究[J]. 计算机应用与软件,2012,29(12):103-107.

后　记

本书针对视频图像处理的热点研究问题，总结近年所获得的若干研究成果，主要有基于互信息量的视频关键帧提取算法，以压缩海量视频便于存储与分析处理；视频底层语义特征表示存储及检索方法，给出一个改进 R-树的检索算法；纹理与颜色置信融合的视频图像运动目标检测算法，用于视频图像对象识别与处理；对目标识别检测还给出了一种针对 Haar-like 特征压缩的车辆（或行人）识别检测算法；对视频图像语义分析，给出了一种本体语义相似度计算方法，用于视频图像对象本体表示的评估与选择。

本书另一主要研究工作是多层次视频语义分析，包括多层视频语义提取框架，场景提取分析方法，基于本体和属性的对象分析，事件分析。在此基础之上，研究语义标注方法，给出语义检索过程，并给出视频语义检索方法。全书工作均进行了实验分析。

目标检测是“感”，语义分析是“知”，语义检索为“用”。要让“感”“知”及“用”紧密互通关联起来是后续研究的进一步方向。可研究的内容有通过深度学习方法检测视频图像中是否有我们感兴趣的行人、汽车、人脸、行为等目标；多层次视频语义分析中提取到的场景、对象与事件间的关联检测研究；提取到的分类多层语义与自然语言更接近的标注方法研究；概念（对象）本体库、事件本体库等的构建、事件规则库的构建，以及基于上述研究的高效视频语义检索方法研究。